经济管理学术文库·经济类

区域环境对新兴产业集群创新绩效的影响研究

The Effect of Regional Environment on Emerging Industry Cluster Innovation Performance

刘新艳 / 著

图书在版编目（CIP）数据

区域环境对新兴产业集群创新绩效的影响研究/刘新艳著.—北京：经济管理出版社，2014.11

ISBN 978-7-5096-3343-4

Ⅰ.①区… Ⅱ.①刘… Ⅲ.①区域环境—影响—新兴产业—产业经济—研究—中国　Ⅳ.①F279.244.4

中国版本图书馆CIP数据核字（2014）第206831号

组稿编辑：张　艳
责任编辑：张　艳　高　娅
责任印制：黄章平
责任校对：陈　颖

出版发行：经济管理出版社
　　　　　（北京市海淀区北蜂窝8号中雅大厦A座11层　100038）
网　　址：www.E-mp.com.cn
电　　话：(010) 51915602
印　　刷：三河市海波印务有限公司
经　　销：新华书店
开　　本：720mm×1000mm/16
印　　张：14.75
字　　数：203千字
版　　次：2014年11月第1版　2014年11月第1次印刷
书　　号：ISBN 978-7-5096-3343-4
定　　价：46.00元

·版权所有　翻印必究·
凡购本社图书，如有印装错误，由本社读者服务部负责调换。
联系地址：北京阜外月坛北小街2号
电话：(010) 68022974　邮编：100836

前　言

随着新技术的不断涌现,新兴产业开始迅速发展,并且表现出了明显的集聚现象。新兴产业集群发展既有产业集群要素集中、交易成本低廉等生产优势方面的原因,又有产业集群具有同业之间的竞合效应、产学研的网络合作、知识和技术的溢出效应等创新优势方面的原因,而且集群发展也能有效增强新兴产业的抗风险能力。然而值得注意的是,在我国现阶段新兴产业集群在发展中面临着诸多挑战,集群之间表现出较为明显的绩效差异。

究竟是哪些因素使得产业集群间出现显著的创新绩效差异?本书把"新兴产业集群"作为研究对象,认为任何产业集群都是嵌入其所处环境,并受到所处环境的影响。尽管随着全球化进程的加速和科学技术的进步,一些区域性资源开始成为遍在性资源,这改变了人们对环境依赖的方式,但并没有削弱和消除环境因素在经济发展中的重要影响,甚至资源更加集中于具有良好环境的地区,从而使得环境对产业集群发展的作用更加重要。但是环境绝非影响产业集群创新绩效的决定性因素。因此,本书综合运用产业集群理论、企业能力理论和创新理论,在对文献整理和评述的基础上,以"区域环境如何作用于新兴产业集群创新绩效"作为研究问题,提出了集群创新能力这一中介变量,着重探讨影响新兴产业集群绩效的区域环境构成,并剖析这些环境要素和新兴产业集群创新绩效间的关系;区域环境和产业集群创新能力的关系;集群创新能力和产业集群创新绩效的关系;区域环境、产业集群创新能力和产业集群创新绩效间整体关系。本书的研究内容主要通过以下部分展开:

（1）探索性案例研究。在文献综述的基础上，对四个地方新兴产业集群的 12 家企业进行深入的探索性案例研究。经过理论预设、案例选择、数据收集、案例内分析和多案例间的比较研究，推导出基于"区域环境—集群创新能力—产业集群创新绩效"关系的 11 个初始研究命题，为后续研究提供源于实践的假设。

（2）理论模型与实证检验。在探索性案例研究基础上，结合已有相关研究进行更深层次的理论探讨，提出区域环境对新兴产业集群创新绩效作用机制的细化假设和概念模型。并基于 268 家新兴产业集群企业的调查问卷，运用因子分析、多元回归分析以及结构方程模型等方法对所提出的概念模型进行检验与修正，深入剖析区域环境通过作用于产业集群创新能力，进而影响产业集群创新绩效的作用机制。

本书在以上研究的基础上还通过方差分析的方法对新兴产业集群创新能力和集群创新绩效在不同发展阶段的动态演化规律进行了探讨。

通过以上分析和论证，文章得出以下主要结论：

第一，通过实证分析，验证了四类关键性区域环境，即创新要素环境、社会文化环境、区域政策环境和集群氛围环境对新兴产业集群的创新绩效都会产生显著的直接或间接影响。其中，社会文化环境是直接影响于集群创新绩效，而其他关键性区域环境则是间接影响于集群创新绩效。

第二，集群创新能力包括集群内企业内部创新能力和企业间合作创新能力，它们均会对产业集群创新绩效产生显著的积极影响。

第三，多数区域环境是通过影响集群创新能力而作用于集群创新绩效。具体而言，创新要素环境、区域政策环境通过正向影响集群创新能力，从而影响集群创新绩效；集群氛围环境通过对企业内部创新能力的倒 U 型影响关系而对集群创新绩效产生倒 U 型影响；集群氛围环境通过正向影响企业间合作创新能力而对集群创新绩效产生正向影响。

第四，形成时间在 10 年内的新兴产业集群，集群内部企业间的合作创新能力和集群的创新绩效会因集群形成时间的长短表现出显著的差异性；形成时间超过10年以上的新兴产业集群，则逐渐实现了一种均衡状态；从实证研究的结果来看，形成时间在4~6年的产业集群表现出了最为理想的创新绩效。

目　录

第1章　绪论 ··· 1

　1.1　研究背景 ··· 1

　1.2　研究意义和目标 ··· 8

　1.3　基本概念界定 ·· 10

　1.4　研究方法、技术路线和章节安排 ································ 25

　1.5　主要创新点 ··· 29

　1.6　本章小结 ·· 31

第2章　理论基础和文献综述 ·· 33

　2.1　理论基础 ·· 33

　2.2　相关文献综述 ·· 46

　2.3　本章小结 ·· 68

第3章　区域环境对新兴产业集群创新绩效影响机理的
　　　　探索性案例 ··· 69

　3.1　研究方法介绍 ·· 69

　3.2　研究设计 ·· 70

　3.3　数据分析 ·· 75

3.4　研究发现和结论 …………………………………… 80
　　3.5　本章小结 …………………………………………… 92

第 4 章　概念模型和研究假设 …………………………… 93
　　4.1　区域环境与集群创新绩效的关系 ………………… 93
　　4.2　集群创新能力的中介作用 ………………………… 99
　　4.3　本章小结 …………………………………………… 107

第 5 章　研究设计和数据收集 …………………………… 109
　　5.1　问卷设计 …………………………………………… 109
　　5.2　测量量表开发与确定 ……………………………… 112
　　5.3　样本选择和数据采集 ……………………………… 122
　　5.4　分析方法 …………………………………………… 129
　　5.5　本章小结 …………………………………………… 134

第 6 章　实证分析和统计检验 …………………………… 135
　　6.1　信度和效度检验 …………………………………… 135
　　6.2　相关分析和多重共线性分析 ……………………… 146
　　6.3　多元回归分析 ……………………………………… 148
　　6.4　区域环境、集群创新能力与集群创新绩效关系的整体
　　　　 结构模型 …………………………………………… 167
　　6.5　结果讨论 …………………………………………… 173
　　6.6　进一步探讨 ………………………………………… 178
　　6.7　本章小结 …………………………………………… 182

第 7 章　结论和展望 ……………………………………… 183
　　7.1　研究结论 …………………………………………… 183

目录

7.2 理论贡献与实践意义 …………………………………… 185

7.3 局限性及未来研究展望 …………………………………… 189

附录 Ⅰ ……………………………………………………………… 193

附录 Ⅱ ……………………………………………………………… 197

参考文献 …………………………………………………………… 203

后　记 ……………………………………………………………… 219

图目录

图 1.1 研究的技术路线图 …………………………………………… 27
图 1.2 研究的基本框架图 …………………………………………… 28
图 2.1 马歇尔对产业空间集聚的分析 ……………………………… 34
图 2.2 McEvily 和 Marcus 关于企业竞争能力研究的理论模型 …… 58
图 2.3 集群学习能力的影响因素 …………………………………… 62
图 2.4 中国科技发展战略研究小组对创新环境、区域创新能力和
经济绩效间关系的分析 ………………………………………… 65
图 2.5 徐彪、李心丹等构建的区域环境对企业创新绩效作用
机制模型 ………………………………………………………… 66
图 3.1 区域环境对集群创新绩效的理论预设 ……………………… 73
图 3.2 本书研究流程图 ……………………………………………… 75
图 3.3 构念之间逻辑关系图 ………………………………………… 78
图 3.4 区域环境构念组成图 ………………………………………… 82
图 4.1 中介效应示意图 ……………………………………………… 100
图 4.2 区域环境对新兴产业集群创新绩效的作用机制概念模型 … 107
图 6.1 带有中介变量的路径模型 …………………………………… 171
图 6.2 合作创新能力与集群创新绩效的变化趋势 ………………… 181

表目录

表1.1　学者对于区域创新能力、集群能力、集群创新能力的界定 ……… 23
表2.1　产业集群创新能力评价指标 ………………………………………… 57
表3.1　产业集群的基本情况 ………………………………………………… 73
表3.2　开放式编码示例 ……………………………………………………… 76
表3.3　主轴式编码结果 ……………………………………………………… 77
表4.1　本研究所有理论假设 ………………………………………………… 108
表5.1　区域环境的测量题项设计 …………………………………………… 116
表5.2　集群创新能力的测量题项 …………………………………………… 117
表5.3　集群创新绩效的测量量表 …………………………………………… 121
表5.4　样本企业来源分布（N=268） ……………………………………… 126
表5.5　问卷填写人的基本情况 ……………………………………………… 126
表5.6　被调查企业的基本情况 ……………………………………………… 128
表5.7　结构方程拟合指数标准 ……………………………………………… 133
表6.1　区域环境变量的因子分析 …………………………………………… 136
表6.2　区域环境变量的信度分析 …………………………………………… 138
表6.3　区域环境测量模型的拟合优度 ……………………………………… 139
表6.4　区域环境测量模型负载 ……………………………………………… 140
表6.5　集群创新能力变量的因子分析 ……………………………………… 141
表6.6　集群创新能力变量的信度分析 ……………………………………… 142

表 6.7	集群创新能力测量模型的拟合优度（N=268）	142
表 6.8	集群创新能力测量模型负载	143
表 6.9	集群创新绩效变量的因子分析	144
表 6.10	集群创新绩效变量的信度分析	144
表 6.11	集群创新绩效测量模型的拟合优度（N=268）	145
表 6.12	集群创新绩效测量模型负载	145
表 6.13	各变量的描述统计及相关分析	146
表 6.14	方差膨胀因子（VIF）值	148
表 6.15	区域环境与集群创新绩效的层级回归分析结果	150
表 6.16	区域环境与企业创新能力的层级回归分析结果	152
表 6.17	区域环境与合作创新能力的层级回归分析结果	153
表 6.18	集群创新能力与集群创新绩效的层级回归分析结果	155
表 6.19	企业创新能力对创新要素环境与集群创新绩效间关系的中介作用	157
表 6.20	企业创新能力对区域政策环境与集群创新绩效间关系的中介作用	159
表 6.21	企业创新能力对集群氛围环境与集群创新绩效间关系的中介作用	160
表 6.22	合作创新能力对创新要素环境与集群创新绩效间关系的中介作用	161
表 6.23	合作创新能力对区域政策环境与集群创新绩效间关系的中介作用	163
表 6.24	合作创新能力对集群氛围环境与集群创新绩效间关系的中介作用	164
表 6.25	多元回归分析对相关假设的验证	166
表 6.26	结构方程模型的路径系数与拟合指标	168

表6.27 修正模拟的路径系数与拟合指标 ………………………… 170
表6.28 最终模型的直接效应、间接效用和总效应 ……………… 172
表6.29 综合分析对相关假设的验证 …………………………… 173
表6.30 单因素方差分析结果 …………………………………… 179
表6.31 方差齐次性检验（N=268） …………………………… 181

第1章 绪 论

1.1 研究背景

1.1.1 经济版图中的产业集群现象

20世纪70年代，石油危机、财政赤字、经济滞胀等困扰着西方世界经济的发展。在这种背景下，美国硅谷、波士顿128公路以及意大利、德国、法国和欧洲国家的某些地区，却出现了与大势相左的良好发展态势。学者们对这些区域的研究发现：这些区域的共同特征是存在着众多企业集聚的现象，且企业之间既竞争又合作，合作的形式不仅有正式的契约关系，还包括非正式的交流等。这种现象就是学者们所称的"产业集群"现象。在美国，底特律、好莱坞、硅谷、华尔街分别以其强大的汽车产业、电影产业、电子产业以及金融产业而闻名；在意大利，Prota和Biella的羊毛纺织占世界总产量的80%，Areaao和Valenza每年则有近2亿美元的贵重金属首饰出口；在瑞士，日内瓦、比尔、巴塞尔及苏黎世等分别成为世界的钟表业、染料和医药业以及银行、贸易等金融服务的中心[1]。正因为产业集群在区域经济的发展中扮演的重要角色,其被誉为"推动区域经济增长最具前景的商业战略"(Friedrich & Feng,1998)[2],被区域政策制定者和发展经济学家视为对聚焦于支持特定产业门类的传统经济政策的一种可能的替代(Fritz、Mahringer & Valderrama,1998)。

20世纪90年代以来,随着经济全球化的迅速蔓延以及生产要素在世界范围内的重新分布,全球化背景下企业的生产经营活动并未在空间上趋于均衡,反而更加突出了生产活动在地理空间上的集聚现象,"当今世界经济地图上布满了被称为集群的区域"(Porter,1998),产业集群已经成为了区域经济发展的重要模式。

郑燕伟、盛世豪(2005)基于世界经济论坛对全球4700多位工商业精英的调查资料,对世界80个国家和地区的产业集群发展进行整体评估,发现产业集群的发展状况与当地经济发展水平之间存在明显的正相关关系[3]。在我国,各地产业集群的数量、质量和发展水平,已经成为当地经济发展水平和持续创新能力的重要方向标。倪鹏飞等(2005)在对中国280多个城市175个产业调研的基础上发现:产业集群已经成为中国经济的龙脉,是中国经济发展的重要源泉和发动机。在中国经济的版图上,从东北的装备制造和京津的高新技术,经山东半岛、江苏沿江及苏南和浙江的加工制造和高新产业,上海的服务业、高科技产业,到福建和广东等地的加工制造,产业集群导致的地区经济隆起地带的万里绵延,已经浮现了一个集群经济的龙脉[4]。

1.1.2 新兴产业集群发展的现象

随着世界范围内产业结构调整的热潮,很多发达国家纷纷加大对科技创新的投入,加快对新兴技术和产业发展的布局,在新能源产业、信息产业、生物技术产业、新材料产业等方面拓展产业发展空间。顺应世界产业转型升级的潮流,我国已把发展新兴产业上升到战略问题,新兴产业的培育和发展也是区域经济可持续发展的重要目标。

从世界范围内近20年新兴产业发展情况看,新兴产业表现出了较为明显的集群发展现象,较为典型的如美国的硅谷、日本的筑波、中国台湾的新竹、印度的班加罗尔、中国的中关村等都集聚了一批世界知名的高科技公司[5]。即便在江苏省,新兴产业也表现出了集群发展的现象。江苏省16个国家和省级高新技术园区集中了全省40%的高新技术产业产值和60%的新兴产业产值[6]。

新兴产业集聚的原因可以从有关产业集群的理论中寻找到部分根据。从古典经济学、区域经济学、空间经济学到社会经济学等对产业集聚的动因均有精辟的分析。马歇尔(1890)从"外部经济"的角度,提出由于专门人才、专门机械、原材料供应、运输便利以及技术扩散等所造成的外部经济,促使企业的地理集中和相互依赖形成[7]。韦伯(Alfred Webber,1909)认为,集聚能够给工厂带来收益的增加或者成本的减少,企业对集聚好处的追求自发地形成了产业集聚[8]。克鲁格曼(Krugman,1991)则以数理经济模型分析证明了产业聚集会导致制造业中心区的产生,并指出产业集聚是由企业报酬递增、中等水平的运输成本和生产要素相互作用形成的。斯科特(Scott,1985,1988)以交易成本理论为基础,认为产业集聚的方式由产业间的联系成本而决定,交易成本越大,集聚程度越高。Fujita、Thisse(2002)认为产业的空间集聚通常是由自然形成的绝对优势或者比较优势,再或者是偶发的动态因素发生而产生,在集聚初步形成后,由于产业内的关联关系(比如产业内人力资本的流动、创新的效用、知识溢出的本地化特征和中间品需求的组合投入等),以及路径依赖(区位特征)又会对集聚效应产生巨大的影响,从而循环累积使集聚呈现自我增强效应,如同滚雪球一样持续下去[9]。由Granovetter(1985)发展起来的社会网络研究则从社会网络关系随着地理位置的邻近会不断加强的角度对产业集聚动因的研究提供了一个新思路[10]。

除了传统的这些诸如区域条件、交易成本、累积效应以及社会网络等方面对新兴产业集群动因的解释外，新兴产业集群发展还有着和产业特点相关的特殊动因。波特（1990）指出集群不仅降低交易成本、提高效率，而且能改进激励方式，创造出信息、专业化制度、名声等集体财富，更重要的是集群能改善创新的条件，比如集群中存在多供应商和机构支持知识创造，以及未满足的需求、挑剔的顾客以及服务和技术的组合等是集群获得更大可能的创新机会，从而加速生产率的成长，也有利于新企业的形成[11]。Audretsch 和 Feldman（1996）认为由于存在着不确定性以及研发与生产的日益分离，高新技术产业的企业因为知识溢出的因素等更加倾向于以集群的形式存在[12]。Cohen 和 Fields（1999）则从众多著名大学和研究机构的智力支持、边缘技术、丰富的风险投资等诸多因素在硅谷的集聚等，揭示了硅谷发展新兴产业的成功来源[13]。Hooisoh 和 Edward（2003）认为出于对人才、信息和合作这三个成本的考虑，高科技企业有强大的动力实现地理上的集中[14]。蒋瑛（2003）认为政府为高科技企业比较集中地提供公共产品也使高科技企业形成了空间高度集中现象[15]。Bengtsson 和 Solvell（2004）通过对瑞典制造产业集群的调查研究，认为：集群内企业竞争的结构和氛围是创新的重要驱动力，集群内竞争对手之间的合作也对创新产生重要影响[16]。郑如霞（2006）指出新兴产业企业选择在集群发展能获得各种专业技术投入、市场需求以及创新活动的信息，获得产业集群产生的外部经济及相关产业的支持，从而使竞争力得以提升[17]。

上述分析表明，新兴产业的集群发展既有产业集群具有诸如要素集中、交易成本低廉等生产优势方面的原因，又有产业集群具有同业之间的竞合效应、产学研的网络合作、知识和技术的溢出效应等创新优势方面的原因，而且新兴产业处于产业生命周期的初期阶段，集群发展也能有效地增强产业的抗风险能力。如同一般工业产业集群一样，新兴产业集群也是一个非常重要的经济现象，但传统产业集群理论主要研究一般工业产业集群，忽视了以高新技术产业为主体的新兴产业集群问题，在这样的背景下，对新兴产业集群现象和绩效的关注显然也很重要。

1.1.3 产业集群绩效差异的现象

随着时间的演变,越来越多的集群在发展中遇到了新的问题和挑战,原来的"热点"地区可能会变成"盲点"地区(Pouder & St. John,1996)[18]。比如波士顿的128公路地区、明尼阿波利斯和明尼苏达地区(大型计算机)、马萨诸塞州(微型计算机)都经历了从经济增长到经济衰退的过程。再如上面提到的世界著名的汽车之城底特律,由于创新的缺失和产业结构调整的滞后,陷入了长达十多年的衰败,其所在的美国中西部地区被世人称为"锈都"。我国东北三省作为我国的装备工业基地,拥有强大的重工装备制造集群,但20世纪80年代以来,由于产业老化以及体制僵硬等原因,已成为我国的"老工业区",经济发展迟缓。因而产业集群的优势和政策不再是大家关注的唯一焦点,产业集群绩效问题也开始受到了学者和政界的广泛关注。而对绩效问题的研究,学者们的视角也是各不相同,有的关注同一产业集群周期演变中存在的绩效差异,如Tichy(1998)将集群分为萌芽、成长、成熟和衰退阶段,各个阶段集群发展的动力和绩效有较大的差异[19]。有的则关注不同区域内产业集群的绩效差异问题,如萨克森宁(1999)对技术相似的硅谷和128公路两个地区高新技术产业集群绩效差异的比较[20]。学者们关注绩效的本质还是希望找出造成绩效差异的原因,以便指导集群的升级和良性发展。

对产业集群绩效差异的原因解释是多种多样的,最早的如马歇尔指出,产业集群的形成是为了获得外部规模经济提供的好处,但集群内企业超过一定限度,土地、资本和劳动力价格就会上涨,从而制约集群内企业的进一步发展,也就是说,外部规模经济不会影响到产业集群绩效。韦伯则认为产业集群会在成本最低的地方形成,但是该集群通常是一个产业主导的集群类型,这种单一产业既容易产生高绩效,又容易导致高风险,产业的单一是影响集群绩效的重要原因。Scott(1988)等认为新产业区(可理解为产业集群)内企业的柔性生产方式(弹性专精)是影响区域绩效的重要因素。欧洲创新研究小组 GREMI 则从 1986 年开始对欧美国家的 16 个区域进行了调研后认为,区域绩效更多地依赖于区域创新环境的改善,而不仅仅是产业内部的柔性专业化分工。GREMI 中的主要成员 Camagni R.(1991)在其《Innovation Networks》一书中指出,区域创新环境和区域创新网络是两个有区别的概念,但两者都会影响到区域绩效。在 1991 年之后,从创新网络的视角对集群绩效的研究开始增多。如 Saxenian(1991)把美国硅谷地区的成功发展归功于区域内企业、大学、科研机构以及商业协会结成的创新网络。Harrison(1992)进一步认为,集群企业创新网络的根植性对于产业集群的发展至关重要,而其在 1994 年的后续研究中还分析了意大利产业区合作形态的危机,认为企业之间基于信任关系的信息共享网络是集群绩效提高的重要因素,但同时这种网络可能是一把双刃剑,信息在网络中的快速扩散,可能会抑制企业的创新意识和行动。同样 Grabher(1993)对德国鲁尔工业区产业集群进行研究时发现,集群网络因为锁定(Lock-in)效应和路径依赖(Path dependence)效应使其应对市场环境变化的能力弱化,从而会进一步造成集群绩效的降低。而 GREMI 中的成员 Ratti 等(1997)编写的《The Dynamics of Innovative Region》一书中指出区域创新网络植根于区域社会文化背景之中,区域创新网络和区域创新环境之间是相互影响和促进的,并共同推进区域发展。Capello(1999)提出集群内的行为个体在网络连接的过程中不断进行集体学习,促进区域创新网络和区域创新环境互动,进而实现集群的可持续发展。事实上 Porter(1990)的钻石模型就隐含有这样的含义:产业集群通过营造创新环境来推动本地企业的发展,从而也进一步带动集群区域经济的增长。当然,学者们对集群绩效的研究也存在其他一些观点。如 Porter(1998)在《集群和新竞争经济学》一文中指出,外部威胁(如消费者需求变化、技术中断等)

以及内部僵化（如群体思维、过度合并等抑制创新）是使集群绩效下降的主要原因。Fritz 等（1998）则分析了经济周期对产业集群绩效的影响，认为外部经济环境的变化会影响到产业集群绩效的稳定性。萨克森宁（1999）则认为社会文化、制度因素差异是造成硅谷和128公路集群绩效差异的重要原因。

  国内学者对产业绩效的关注也比较多。如仇保兴（1997）指出产业集群内企业间的过度竞争会对集群的绩效产生负面影响；蔡宁等（2003）从企业网络的角度出发，认为网络结构的不同类型会影响集群绩效，网络中存在的资源如信任、关系等会影响到创新从而会进一步影响集群绩效；网络中不同主体间的活动会影响集群绩效等[21]。吴晓波等（2003）则认为产业集群的网络化特征有专业化分工、地理性邻近、群内相互关联、协同与溢出效应等，这四个特征则是影响产业集群绩效的重要因素。李志刚等（2007）则通过调查问卷的方式讨论了网络结构变量对集群绩效的影响。结果表明：企业所嵌入的网络的密度、联系强度、互惠性、稳定性、居间性和资源丰富程度等因素都对企业创新绩效存在着正向影响[22]。胡恩华等（2009）通过实证研究，认为创新能力、沟通、技术能力和组织管理因素对企业集群创新行为有显著影响；资源和相互信任因素对企业集群创新行为没有显著影响[23]。王贤梅等（2009）也是基于调查问卷分析了网络关系对集群创新能力的影响，并认为网络关系通过网络密度、强度、互惠性、中心性和对象多元性五个方面影响着集群创新能力，其中网络密度和网络强度对集群创新能力产生负面影响，而网络的互惠性、中心性和对象多元性则对集群创新能力产生积极影响[24]。

  如上所述，国内外学者对产业集群绩效及其影响因素的研究已比较广泛，但是研究视角是多样的，总体而言，产业集群绩效的影响因素可以概括为两大类：一类是外生因素，如区域要素、竞争氛围、政策、文化等，本书将其概括为环境因素；另一类是内生因素，如企业自身的创新活动、企业之间的创新合作网络以及对两者起到导向作用的创新意识等，本书将其概括为集群创新能力因素。因为集群创新活动嵌入区域创新系统和国家创新系统中，因此集群创新能力的形成、维持和更新往往离不开区域环境的建设。从这个角度，我们可以认为区域环境通过集群创新能力这一中介变量最终影响到产业集群绩效。

结合产业集群大的背景，考虑新兴产业这一重点关注对象，以提高新兴产业集群创新绩效作为研究目标，基于集群创新能力的视角，对区域环境和新兴产业集群绩效之间关系的探讨就应运而生。

1.2 研究意义和目标

1.2.1 研究意义

新兴产业作为一种新的产业发展方向，是社会经济发展到一定阶段的必然选择，对推动经济发展方式的转变具有重要意义。虽然我国已把发展新兴产业提升到战略的高度，但各省市在推动新兴产业发展的过程中存在求大、求快等现象，而不是从新兴产业及其特点出发对其进行针对性培育。新兴产业的发展需要科学的规划，结合新兴产业集群发展的特征，对新兴产业集群绩效的影响因素进行科学的分析和总结，并分析不同的因素对集群绩效的影响程度，方便政策制定者针对性地营造新兴产业发展的环境，促进新兴产业有效发展。具体而言，课题研究的意义可以体现为理论意义和实践意义两个方面。

1. 理论意义

从理论层面而言，对新兴产业集群绩效及其影响因素的研究十分迫切。从现有的研究来看，对产业集群绩效的研究多数是定性分析，少数的定量分析也多是从社会网络的角度来进行,视角比较单一,而且研究结论存在矛盾的地方。也可以说,对产业集群绩效及其影响因素的研究尚不成熟。此外,现有对区域环境的研究也存在较大的差异,没有一个较为明晰和可操作化的界定。因此,本书在其他学者的研究基础上,从创新要素环境、社会文化环境、区域政策环境、集群氛围环境这四个维度明确提出了区域环境的概念,并通过扎根分析及理论对照将之操作化为可实证的研究构念,其是对现有区域环境研究的补充和发展。最后,本书引入集群创新能力这一概念来分析区域环境对新兴产业集群绩效的作用机制,并通过对区域环境、集群创新能力和集群绩效等变量基于调查问卷进行测量,对区域环境、集群创新能力和集群绩效的关系进行定量研究,这不仅为集群绩效及其影响因素的研究提供一个新的视野,也丰富了关于集群创新能力的研究。

2. 实践意义

借鉴能力观的观点,组织绩效的差异归根结底是能力的差异,而能力形成的基础则是组织拥有的资源。产业集群创新能力是产业集群内生增长的源泉,提升新兴产业集群创新能力,进而改善创新绩效对促进区域经济发展具有重要意义。因此,基于能力理论对新兴产业集群创新能力有一个全面而清晰的认识和判断,找出影响新兴产业集群绩效的关键性集群创新能力,可以使各区域在有限的资源条件下,有针对性地加强集群创新能力的培育和建设。同时,结合中国当前大力发展新兴产业的背景,基于集群创新能力的视角对区域环境和新兴产业集群创新绩效之间的关系进行定量研究,探讨促进创新能力以及创新绩效的区域环境建设,将展现出实际运用意义。

1.2.2 研究目标

区域环境是吸引新兴产业区域内集群发展的重要因素,也是激发集群内企业的创新意识、创新活动以及网络合作等创新能力,并进而推动集群区域创新绩效提高的重要原因。从实践来看，多数国家和地区也把营造支持性环境作为发展区域经济的重要手段。因此本书目的在于揭示区域环境对新兴产业集群创新绩效的影响机制，并进一步分析集群政策的实施、集群内企业竞合氛围、集群社会文化状况以及创新要素等环境对集群创新绩效的影响程度，从而就提升新兴产业集群创新能力、改善其集群绩效提出区域环境建设的思路。

1.3 基本概念界定

为了在后续研究中更好地分析文章的主体，首先对几个基本概念进行界定。这可以为本书所研究的核心内容提供一个背景式的框架，也是开展研究的一个必要开始。

1.3.1 新兴产业

新兴产业并不是一个新的概念，但是现阶段的新兴产业却被赋予了更多的内涵。波特（1980）认为新兴产业是新形成或在形成的产业，它们是来自技术的创新、新的消费者需求的产生，或者其他经济或社会的改变而使新的产品或服务提升至可能、可行的商业机会。基本上，在此阶段有很大的不确定性，而且由于在初创阶段没有游戏规则而充满了机会和风险[25]。邬义钧、邱钧（1997）从主导产业更替的顺序出发，把产业划分为新兴产业、成熟产业和衰退产业。其中的新兴产业是指在产业结构系统中处于形成和发展阶段的产业，它往往代表着科学技术产业化的新方向和新水平，满足或创造着最新的社会需求，有着正在形成或不断扩张的市场前景[26]。王斌（1999）指出新兴产业通常是伴随着技术革新，由于新材料、新能源、信息、微电子、生物工程及航空航天等新技术的开发而发展起来的一系列产业部门[27]。苏东水（2006）也是从产业发展阶段出发，把产业划分为幼小产业、新兴产业、朝阳产业、夕阳产业、衰退产业和淘汰产业等。其中新兴产业是指已经度过了幼年生命危险期的新的细分产业。这些产业的产品在技术工艺、用途、生产方式、用料或其他方面和原有产业的产品有较大的不同。以上是产业经济学领域以及早期的一些学者对新兴产业的理解，主要是强调了产业所处的初级阶段以及产业的创新性特征。后来的一些学者对于新兴产业的理解基本上也是基于这样的框架，又略有不同。如 Matti Projola（2002）认为新兴产业也就是新技术的产业化，比如在过去几十年的经济发展中，技术先进的国家在信息技术、生物遗传技术、新材料技术、航天技术和新能源技术等都有很大的进步发展，而这些新技术的不断突破就使得新产业不断地出现[28]。也有部分学者指出所谓的新兴产业是相对于"传统产业"或"既有产业"的一种划分。例如，对处于工业化初始阶段的国家而言，其农业被视为传统产业，工业被视为新兴产业；而在技术先进国家，一般农业被视为传统产业，而生物科技农业则可被视为新兴产业。如沈杰（2004）认为新兴产业是相对于传统产业而言的，是一种新的技术带来的新的产业[29]。

　　自从我国提出发展新兴产业的规划以来，关于新兴产业的文献出现了大量的增长，但是这些文献多数是讨论新兴产业的发展路径、发展战略以及发展意义等，对于新兴产业的界定比较少，即便有些学者对新兴产业进行了界定，其理解也大多是对前面所提到的关于新兴产业内涵的概括和延伸。国家发展和改革委员会宏观经济研究院研究员胡春力认为，新兴产业至少可以分为四种类型：其一是一些发达国家已经出现，但对于中国这样的工业化进程中的发展中国家来说仍然是新兴产业；其二是在经济全球化进程中，中国正努力缩小差距的产业；其三是高新技术产业；其四是为应对人类面临的诸如资源、能源和温室效应的挑战等而出现的一些新产业[30]。李伟娜（2009）总结了学者对新兴产业界定的四种观点。从发展态势来看，新兴产业是在业已存在的产业基础上，伴随着社会进步而出现的新兴生产的产业，体现时代特征；从技术角度来看，新兴产业是伴随着新技术的突破、产品或服务的创新而产生的产业；从市场需求来看，新兴产业是由于新需求的产生，从而促成产品、服务、技术或者管理模式的创新而产生的产业；从区域角度来看，新兴产业是针对不同地区的不同特点，其发展能发挥各地优势，提高区域竞争力的产业[31]。铁成（2010）认为新兴产业不是在传统产业的经济形态下新出现的若干产业，而是指一批具有全新经济形态的产业群，主要是以新能源为动力，以新材料为原料，使用智能技术或生物技术的产业[32]。高峰和唐家龙（2011）认为新兴产业从内涵来看，是处于孕育期、发展初期和成长期的产业形态；从外延来看，其在不同的发展阶段，不同的国家和地区有着不同的指向；从功能来看，新兴产业是能够为全社会提供新的生产手段并产生广泛的关联效应，提高经济和社会整体效率的产业[33]。

为了更好地对本书研究主题进行限定，结合上面的分析，本书对新兴产业的界定如下：新兴产业是在不同的国家或区域中新出现的，处于产业发展初期阶段，发展具有较大的不确定性，一般代表着新的科学技术产业化水平的产业类型。这类产业和高新技术产业有交叉融合的地方，也有一些不同。其是新兴科技和新兴产业的深度融合，不仅要有重大的科技创新，代表科技创新的重要方向，同时又是一个新兴的产业，代表产业发展的重要方向。比如按照我们的界定，创意文化产业就属于新兴产业，而不是高新技术产业；核应用技术属于高新技术产业，而不是新兴产业。

综上，我们着重从以下三个方面来探讨新兴产业的内涵：

（1）新兴产业是处在产业发展初期阶段的产业。从产业生命周期的角度来看，新兴产业处于产业生命周期中的萌芽阶段与成长阶段；其产业增长率较快，产业结构以及相关支持产业还处在"未定型"阶段。处在该阶段中新兴产业的发展充满了机会和风险。

(2) 新兴产业是新兴技术产业化而形成的产业。从技术的发展和创新的角度而言，新兴产业是由新兴技术的产业化而形成；这种新兴技术可能建立在技术突破、产品或服务创新的基础上，也可能是对既有技术、产品或服务的改进和创新，也可能是技术间的融合。新兴产业便可理解为新兴技术推动而形成的产业。

(3) 新兴产业是相对于"既有产业"而言的。既然是相对的概念，那么新兴产业在不同的国家、不同的区域就有不同的表现和指向。正如上面所言，有些产业在技术先进国家可能被视为既有产业，但在技术落后国家还被视为新兴产业。从这个角度而言，既有产业的发展规律为新兴产业的发展提供了颇多的借鉴。

不同区域、不同时期新兴产业的内容也不一样，目前，我国的新兴产业主要指微电子技术、信息技术、生物工程、新材料、新能源、海洋工程、空间技术等新兴技术而发展起来的一系列产业部门。本书对新兴产业集群绩效的研究，主要选取的研究对象为软件与服务外包产业、新材料产业以及新能源产业。

从对新兴产业的界定来看，新兴产业存在一些基本特征：技术不稳定、需求不确定、缺乏完善的社会协作体系、缺乏统一的产业标准、对资本的需要较大和战略不稳定等。因此，集中资源尽快促进产业结构的形成、不断创造独特的供销渠道和规则、改变产业进入障碍、决定恰当的进入时间等问题是发展新兴产业需要注意的问题[34]。吕永刚（2011）[35]，柳卸林、高伟等（2012）[36]，王新新（2012）[37]认为新兴产业既是高回报产业，又是高风险产业。新兴产业由于面临各种环境因素的不确定性，其发展存在技术不成熟、需求不确定、低端产能与虚假产能双过剩以及政府干预失当等风险，因此从政府的角度而言，首先应遵循新兴产业的发展规律，针对新兴产业对政策环境的高要求，建立和完善有利于新兴产业的各种政策设计，构筑"政策集成优势"，强化政府在发展新兴产业中的引领作用；其次还应注重集聚各类发展要素，构筑技术创新平台、投融资服务平台和共性技术服务平台等。对新兴产业特征以及发展要求的把握，为下面探讨新兴产业发展所需的关键性的环境因素奠定了基础。

1.3.2 区域环境

本书所指的区域环境是指产业集群所处区域的环境。在经济学角度存在较大影响的区域的界定是由美国区域经济学家胡佛于1970年给出的，其认为"区域是基于描述、分析、管理、计划或制定政策等目的而作为一个应用性整体加以考虑的一片地区，它可以按照内部的同质性或功能一体化原则划分"[38]。而后一些学者也对区域做出了相似的理解。如郝寿义、安虎森（1994）认为"所谓区域，是一个客观上存在的，又是抽象的人们观念上的空间概念，它没有严格的范畴和边界以及确切的划分方法，地球表面上的任何部分，一个地区、一个国家乃至几个国家均可称为一个区域"[39]。王建廷（2007）指出在区域经济学中区域一般是指便于组织、协调、控制经济而以整体加以考虑的并考虑行政区划基础上的一定空间范围，其具有组织区域内经济活动和区域外活动联系的能力[40]。基于以上观点，我们可以认为区域是一个空间，其存在功能方面的内聚性以及在内部经济、社会、文化、自然等条件的同质性，而且区域的划分是为了某种研究目的而划定。本书将产业集群视为一个空间区域，其是包括了对经济活动产生重要影响的自然、文化、社会等因素在内的综合性区域。

学者对产业发展环境的研究多是从自然环境和社会环境两方面展开，如盖文启（2002）把区域环境分为硬环境和软环境两种，其中硬环境包括基础设施环境（包括交通、电力、通信等）和自然地理位置等（包括区位条件和气候条件等），软环境则由政治、经济、法律、文化和生活服务环境等构成[41]。在他的分析中，硬环境事实主要对应上面所提到的自然环境，而软环境则主要是一种社会环境。中国科技发展战略研究小组在2003年对中国区域创新能力的研究中,指出区域所处环境是决定区域创新能力的重要环境变量,又是一个地区创新的持续因素,其主要包括基础设施、劳动力素质、市场需求和创新环境等[42]。清华大学技术创新研究中心在2008年对42个城市制造业企业技术创新活动的调查中将影响企业创新的环境因素主要归纳为基础设施、经济社会环境、专业服务和政府支持[43];胡恩华、刘洪(2007)的分析中将地理区位环境、法制政策环境、社会人文环境、技术环境和市场环境视为集群创新行为的区域环境。良好的创新环境是集群不断创新发展的催化剂,是集群创新不断物化和实现持续价值增值的动力源。在李卫国(2009)分析中,将影响产业集群发展的环境大致分为文化环境、分工环境、交易环境、政策环境和社会资本环境等几个类别[44]。

波特在分析国家竞争力的影响因素时认为,一国或一个地区产业国际竞争力的强弱取决于该国是否能够创造出好的环境,从而使本国公司获得竞争优势。而决定环境优劣则主要有几种因素,分别是生产要素的状况、需求状况、相关产业和支持产业的状况、公司的战略、结构及竞争对手。当然,除了上面四种因素之外,波特认为机遇和政府的影响也是至关重要的。波特的"钻石模型"也可以理解为一种进行产业发展环境分析的框架和思路。罗辑、张其春(2008)在波特对产业竞争力分析的框架基础之上,把影响区域产业竞争力的主要因素概括为:基础因素、环境因素和直接驱动因素,其中的环境因素主要包括政府政策、制度创新、商业环境和市场需求,基础因素主要包括基础设施、资源禀赋、历史背景和资金状况等[45],按照前文对环境的分解,其中的基础因素也可以理解为一种环境因素。

结合上面对新兴产业特征的概括以及对产业发展环境的有关界定和分类,本书认为影响新兴产业发展的环境也离不开上述的环境类别。但是,从新兴产业高成长性、高风险性以及高创新性的特征而言,新兴产业的发展对环境又有一些特殊的要求。比如从要素的角度来看,新兴产业更迫切需要诸如高级人才、新兴技术、金融资本等创新要素，而不是类似自然资源、基础设施等一般性要素。在相关发展新兴产业的文献中多有提到政策扶持和支持、技术和投融资环境等对于新兴产业发展的重要作用。此外，集群企业之间因关系嵌入所形成的竞争与合作的氛围也是一种特殊的区域环境。因此，本书对区域环境的界定沿用了迈克尔·波特"钻石模型"的分析，但又略有差异，认为影响新兴产业集群发展的区域环境主要由创新要素环境、社会文化环境、区域政策环境和集群氛围环境等构成。

1.3.3　产业集群创新绩效

1. 绩效

从组织层面对绩效的理解非常广泛，主要存在三种代表性观点：第一种观点认为绩效是结果。Bernadin 等（1995）认为，绩效应该定义为工作的结果，因为这些工作结果与组织的战略目标、顾客满意度及所投资金的关系最为密切。第二种观点认为绩效是行为。Campbell（1990）指出，绩效是行为，应该与结果区分开，因为结果会受系统因素的影响。他在1993 年给绩效下的定义是"绩效是行为的同义词……它只包括与组织目标有关的行动或行为"。第三种观点以 Brumbrach（1998）为代表，他认为绩效包括行为和结果两个方面：一方面结果是绩效评价的直接方式；另一方面结果的产生是行为所带来的，而且行为本身是由从事工作的人表现出来，是为完成工作任务所付出的脑力和体力的结果，并且能与结果分开进行判断。鉴于本书是对集群绩效以及产生绩效的原因进行研究，若从行为和结果这一双重内涵来理解绩效的话，就不能很好地识别绩效的影响因素，因此本书主要是基于 Bernadin 等（1995）的观点，从结果的角度理解绩效，即绩效是行为所产生的一种结果。

2. 产业集群绩效

国内很多学者没有直接给出集群绩效的界定,但是他们从不同的角度考察了集群绩效研究的内容。如张淑静(2006)指出探讨产业集群的绩效需要从两个角度来考察:一是从企业和产业角度分析产业集群的绩效;二是分析产业集群对于所在区域发展的影响[46]。蒋云霞(2009)、庄晋财等(2009)认为集群的综合绩效应该涵盖经济效益、社会效益和生态效益三个方面,把企业集群绩效定义为:聚集在特定区域空间的大量具有某种产业属性的企业,在集群网络竞争合作(竞合关系)的框架内,相互依赖、相互补充,通过一系列协同互动的交互作用在一定时间内形成和创造的经济、社会、生态价值总和[47]。李卫国、钟书华(2010)指出集群的绩效主要是指集群中的多元主体在集群这一复杂系统中相互依存、相互作用,最终所取得的创新成果,具体可以反映在四个方面:集群的获利能力、社会效益、创新效率和未来发展能力[48]。鉴于学者对产业集群绩效的理解,本书也同样认为产业集群绩效应该是分层次的,不仅要考虑产业集群内企业的绩效,也要考虑产业集群总体的绩效。但通常集群内企业绩效的改善也意味着产业集群总体绩效的改善,也就是说产业集群总体的绩效事实是通过产业集群内企业的绩效体现出来的,而且两者之间存在高度的正相关性。

3. 产业集群创新绩效

由于本书研究的产业类型是新兴产业,如上文而言,创新性是新兴产业的一个重要特征,因此本书对新兴产业集群绩效的研究主要关注的是新兴产业集群的创新绩效。创新绩效一般被认为是创新所产生的结果,是考察创新系统运行状况的一种重要指标。从现有的一些文献来看,学者们对创新绩效的界定有狭义和广义的理解。从狭义的角度,学者认为创新绩效是指新产品成功上市、新工艺或者新设备投入使用的程度(Freeman & Soete, 1997),这种界定仅仅是对创新商业化阶段成果的一种衡量。从广义的角度,学者认为创新绩效应该考虑创新在整个过程的产出(Ernst, 2001),从而创新绩效包括从研究开发到中试再到商业化这一过程中每个阶段的产出,因此包括专利数量、专利引用等均应属于创新绩效的范畴。从现有的研究来看,更多的学者是从广义的角度理解创新绩效。

此外对集群创新绩效的研究多是从探讨其影响因素展开的,对其给出明确界定的文献也较为少见。比如颜克益(2009)指出所谓产业集群创新绩效是指在特定空间内的产业集群所表现出来的创新成果。李卫国、钟书华(2010)指出集群的创新绩效主要是指集群中的多元主体在集群这一复杂系统中相互依存、相互作用,最终所取得的创新成果。此外,和集群创新绩效相类似的一个概念是区域创新绩效。如 Bianca Poti 和 Roberto Basile(2000)认为创新绩效从地区的角度讲,就是地区发展和地区经济的增长[49]。谢丽娟等认为区域创新绩效指的是创新资源的配置效率,是考察区域创新系统运行状况的一项重要指标。林迎星(2006)认为区域创新绩效是区域创新系统整体的绩效,其不仅与区域创新活动主体的绩效有关,更重要的是区域创新活动主体之间协同而产生的绩效。

本书借鉴上述学者对集群创新绩效和区域创新绩效的界定,认为产业集群创新绩效是集群内部企业通过自身的创新行为以及与集群内其他机构或企业合作创新行为所产生的结果。此外由于对产业集群总体创新绩效测量困难,本书对产业集群创新绩效的实证研究,主要是通过对产业集群内企业创新绩效的测量来间接地反映产业集群创新绩效。

1.3.4 集群创新能力

1. 集群创新

Baptista 和 Swann(1998)[50]、Carbonara(2004)[51]、柳杰(2005)[52]、李志刚(2007)[53]等指出集群创新是产业集群保持竞争优势的原动力,也是产业集群得以持续发展的先决条件,集群创新对避免集群衰退、停止以及集群的最终存活非常重要。对于集群创新的理解，学者的观点虽有一定的差异，但大多还是把集群创新的重点放在了创新上，认为集群创新是一种创新行为，这种创新行为因为受到集群内部企业之间的网络、企业和研发机构之间的网络、企业和政府机构之间的网络影响，因而表现出了和企业自身创新不同的特点和效果。如 Capello（1999）认为创新是一个互动（交互作用）的过程，而非线性模式，创新正是在"干中学"、"用中学"、"通过相互作用而学习"的过程中出现的。由于创新过程的长期复杂性和外部不确定性，企业创新不能仅仅限制在单一的企业内部，也扩展到企业的供应商、客商以及内部的市场化过程，所以创新的学习过程不再是单个企业或其他行为主体简单合作的结果，而是集体行为的结果，也即根植于区域环境中的集群创新[54]。魏江（2003）认为集群创新是集群各行动主体的创新活动，也是集群内从事同一或相关产业的企业及其他地方机构，它们在特定的各种正式、非正式制度的协同作用下，通过正式、非正式的方式，促进知识在集群内部创造、储存、转移和应用的各种活动和相互关系的总和[55]。胡恩华、刘洪（2006）把通过集群（以专业化分工和协作为基础的同一产业或相关产业的企业，通过地理位置上的集中或靠近）进行创新，通过正式和非正式的方式，促进知识在集群内部创造、储存、转移和应用的各种活动而产生的创新聚集效应，获得集群创新优势的创新行为称作集群创新。聂振飞（2010）指出集群创新是以产业组织网络垂直价值链上的大学、研发机构、企业、供应商、顾客的交流和学习，水平价值链上的同类企业的竞争与合作以及基于信任的社会关系网络正式和非正式交流为基础，以知识和信息的交流与互动为纽带，是一个信息获取、累计、加工和传递的信息过程。因此，产业集群创新模式具有"网络范式"而非"线性范式"，具有"动态性"而非"静态性"。杨锐（2010）认为集群创新是一个组织间的动态学习过程。这个过程是以企业为行动主体，通过网络治理，各主体得以进行联合行动、发挥协作效率，形成健全的地方能力，最终实现价值增值和知识创造[56]。在这些学者观点的基础上，我们把发生在产业集群内部，受创新网络影响而发生的，与企业仅依靠自身内在资源进行的创新存在不同特点和效果的创新行为以及过程称为集群创新。

2. 能力

20世纪80年代以来，企业能力理论大致经历了从企业资源理论—企业核心能力理论—企业动态能力理论—企业知识理论的发展过程。企业资源理论认为，持续的竞争优势来源于企业所拥有和控制的各种资源和能力，作为企业持续竞争优势来源的资源和能力须具备有价值性、稀缺性、不完全模仿性以及不完全替代性；企业核心能力理论认为企业本质上是能力的集合体，哈默对企业能力的界定为"能力是组织中的积累性学识，特别是关于如何协调不同生产技能和有机结合各种技术流的学识"，企业的能力是企业长期积累和学习的结果，和企业的初始要素投入、追加要素投入、企业的经历等密切相关，具有突出的路径依赖性；而动态能力理论最具代表性的学者Teece(1997)将动态能力定义为企业整合、建立和再配置内外部技能以适应快速变化环境的能力。Teece认为"动态"指的是与环境变化保持一致而更新企业的能力，"能力"强调的是整合和配置内部和外部技能，以此来使企业适应环境变化的需要[57]。除Teece外，也有不少学者对动态能力进行了界定。如Helfat(1997)认为动态能力是一种能使企业通过生产新产品和重构生产流程来应对外部环境变化的胜任力[58]；Eisenhardt和Martin(2000)认为动态能力是一种组织过程或战略惯例，企业通过获取、释放、整合或重组自己的资源来适应或创造市场变化，或者凭借战略惯例不断更新资源配置，以满足环境变化的需要[59]；Lee等(2002)认为动态能力是企业的竞争优势来源，能说明企业怎样才能应对环境变化；Zahra和George(2002)认为动态能力在本质上是一种能使企业通过重新配置和整合自己的资源来应对不断发展的顾客需求和竞争对手的变革导向型能力[60]；Zollo和Winter(2002)认为动态能力是一种稳定的集体学习（活动）模式，能使企业通过系统创造或调整运营规则来提升自己的效能，能力不仅是嵌入惯例和"干中学"中积累的隐性经验的结果,能力还是对组织结构和系统的有意投资以促使惯例和实践持续改进的结果[61]。Ethiraj 等(2005)认为,能力是对资源的配置,能力难以复制且难以在要素市场获得,能力的演化不仅反映了通过"干中学"努力的结果,而且反映了在企业层次学习和取得进步方面主动投资的结果[62]。企业知识理论认为,能力并不等于资源的集合体,能力也不仅仅是卓有成效的利用资源的功能,而是与组织结构和外部环境密切相关。因此,企业知识理论特别强调组织资本和社会资本。组织资本是指组织对所承担任务的协调能力的资产;而社会资本则指作为资源提供给行为人用来获取收益的那部分社会结构的价值,像其他资本一样,社会资本具有生产性,它通过行为人之间相互关系的变化而产生。从以上学者对能力的界定来看,本书认为能力是组织的一种惯例(包括组织文化和组织战略等),这种惯例能通过对组织资源的特殊应用,以适应环境变化或获得竞争优势,这种惯例能够通过学习而进一步发展或加强。

3. 集群创新能力

借鉴企业能力观的相关理论,组织绩效的差异归根结底是能力的差异,"集群创新能力"的提出为集群绩效差异的解释提供了一个很好的视角。产业集群创新终究是以企业为主体的创新,从企业能力的相关界定和理解出发对集群创新能力进行研究也是一个重要的出发点。已经有学者对集群创新能力进行过一些探索性的研究,如"区域能力、区域创新能力、集群能力、集群技术能力"等相关和相近的概念为理解和界定集群创新能力提供了启示。它们都强调了集体学习能力以及网络化主体之间的互动关系(亦可理解为能力的表现)对区域(集群)创新活动的核心作用。早期如国外学者 Asheim(1996)把集群创新能力界定为"集群通过实施激进式创新和改变技术路径来突破路径依赖的能力"[63]。创新环境学派的 Lawson 和 Lorenz(1999)把区域创新能力视为一种集体学习的能力,其核心要素包括共享知识,区域层面的管理以及区域整合、重构多样化知识的能力三个方面[64]。在他们的基础上,Keeble和Wilkinson(1999)则指出集体学习和区域创新能力是有差异的,能力的基础是蕴含在组织惯例和程序中的知识,集体学习则可以把新知识整合进现有的知识基础,从而提升现有能力,并发展新的能力。此外因为创新活动是一种知识吸收、创造和扩散的过程,其效率就取决于知识流通渠道的效率以及参与者之间社会互动的质量。因此集群创新能力的关键因素就是集群形成和维持参与者之间社会互动关系和高效率的知识沟通渠道的能力[65]。区域创新系统学派的重要学者Heidenreich(2005)通过对德国莱比锡等地集群的案例研究,归纳的区域创新能力包含两个部分:一是政府部门和共同机构"创造和提供集体性竞争产品的能力",二是"激发和稳固区域内企业、学院、大学、技术机构、研发机构以及行政主体间交流与合作的能力"[66]。此外该学派的Trua和Harmaakorpi(2005)将区域创新能力界定为"区域创新网络利用和更新现有资源结构,以通过创新行为在不断变化的环境中获取持续竞争优势的能力",而区域或集群的资源结构中社会资本、智力资本、经济资本和实物资本等几个方面,共同构成了创新能力的基础,尤其是区域主体间能够促进资源流动的各种交互关系(社会资本)是区域创新能力的关键内部机制,其实际调用和"活化"程度决定着区域创新能力的强弱[67]。Hervas Oliver(2007)认为集群能力是"所有本地化的、在空间环境中自我复制和自我增强的因素整合和交互的结果",并用集群的"元素知识"和"构架知识"来说明集群能力的形成和发展,发生在集群中的所有互动和流程是运转着的集群元素知识,其累积过程中涌现出来的集群构架知识就是集群的能力[68]。魏江(2003)指出集群技术能力是通过集群成员的技术学习活动积累起来的,以改善集群生产系统的价值创造功能为目的的、嵌入在集群企业网络内部并依附于网络成员的人力资源要素、设备要素、信息要素和组织要素的所有内生化知识存量的总和。柳卸林(2003)等把区域创新能力界定为一个地区将知识转化为新产品、新工艺和新服务的能力,并认为区域创新能力主要包括知识创造能力、知识获取能力、企业的技术创新能力、创新的环境和创新的经济绩效。近期如国内学者马永红等（2009）提出区域创新能力是指区域创新系统通过对系统资源进行创造性集成从而在一定区域内形成的新的能力集，主要包括创新主体的技术创新能力、制度创新能力以及由区域经济水平、社会服务、基础设施等环境要素的创新组合决定的支持创新能力[69]。周泯非、魏江（2009）认为集群创新能力是蕴含在产业集群组织中的有利于交互式创新活动的程序性知识综合，体现为集群在搜索与获取外部知识、共享与交流内部知识、协同与整合互补性知识单元，以及在此基础上创造和累积知识等方面的总体能力，其载体主要是集群企业间、企业与各类机构间以及企业与集群外主体间一套相对稳定的网络化关联机制[70]。马靖忠、关军（2010）认为集群创新能力是在一个集群范围内，以增强集群经济增长的原动力为目标，充分发挥集群技术创新行为组织的技术创新积极性，高效配置集群创新资源，将创新构想转化为新产品、新工艺和新服务的综合能力[71]。黄速建等（2010）提出产业集群创新能力是指集群"作为一个整体"，通过良好协调的活动来利用、组织和更新集群内的资源，从而不断适应变化的市场和技术环境的能力[72]。

表1.1 学者对于区域创新能力、集群能力、集群创新能力的界定

相关表述	核心概念	来源
区域创新能力是一种集体学习的能力，其核心要素包括共享知识，区域层面的管理以及区域整合、重构多样化知识的能力三个方面	集体学习	Lawson 和 Lorenz（1999）
集群创新能力是集群形成和维持参与者之间社会互动关系和高效率的知识沟通渠道的能力	形成和维持企业间关系；增强知识沟通渠道	Keeble 和 Wilkinson（1999）

续表

相关表述	核心概念	来源
区域创新能力包含政府部门和共同机构"创造和提供集体性竞争产品的能力"以及"激发和稳固区域内企业、学院、大学、技术机构、研发机构以及行政主体间交流与合作的能力"	提供集体性竞争产品;激发和稳固集群内行为主体间交流与合作	Heidenreich（2005）
区域创新能力是区域创新网络利用和更新现有资源结构,以通过创新行为在不断变化的环境中获取持续竞争优势的能力	利用和更新现有资源;通过创新行为适应环境	Trua 和 Harmaakorpi（2005）
集群能力是所有本地化的、在空间环境中自我复制和自增强的因素整合和交互的结果	本地化因素的整合与交互	Hervas Oliver（2007）
集群创新能力是蕴含在产业集群整体组织结构中的有利于交互式创新活动的程序性知识总和	有利于交互创新活动的程序性知识	周泯非、魏江（2009）
产业集群创新能力是指集群"作为一个整体",通过良好协调的活动来利用、组织和更新集群内的资源,从而不断适应变化的市场和技术环境的能力	有效利用组织资源;适应环境	马永红等（2009）,马靖忠（2010）,黄速建等（2010）

综合考虑以上学者对集群创新能力的理解,并主要借鉴 Trua 和 Harmaa-korpi（2005）以及黄速建等（2010）对于集群创新能力的界定,本书认为产业集群创新能力是指产业集群的各类主体有效地利用和更新组织内的各类资源,并通过各种创新行为和交互关系以适应环境变化并提高持续竞争优势的能力。根据这个界定,本书认为产业集群内网络化主体之间的互动关系使得集群参与者之间发生有效的知识搜索、共享、交流和互补,从而导致了整体层面上的创新活动,因此集群企业之间的合作创新能力应该是集群创新能力的一个关键构成要素;而且虽然集群创新能力并不能简单理解为集群中任何企业或机构能力的加总,但是集群创新活动的主体是企业,集群内企业的创新活动也是影响集群整体创新活动的关键,因此可以认为集群企业自身的创新活动以及影响创新活动的创新意识是集群创新能力的另一个重要构成要素。从这个角度而言,集群创新能力主要表现为一种行为能力,是集群内部企业

依靠自身资源进行创新的行为能力以及企业与其他机构和企业进行合作创新的行为能力。

1.4 研究方法、技术路线和章节安排

1.4.1 研究方法

本书力求实现规范研究和实证研究相结合，质性研究和定量研究相结合，遵循"文献阅读和理论推演—案例和质性研究—形成假设—数据收集—实证分析—形成结论"的研究思路逐步深入，具体来说，采用如下几种研究方法。

文献研究和理论推演：通过概念解析、逻辑推演及文献佐证等方法，梳理相关理论文献，如产业集群理论、能力理论、创新理论和社会网络理论等，并辅以自己的思考，对影响集群创新绩效的重要因素（如区域环境、网络合作、创新意识和创新活动等）进行提炼和归纳，剖析区域环境影响产业集群创新绩效的内在过程，为研究区域环境对新兴产业集群创新绩效的作用机制奠定文献基础。

案例分析和质性研究：针对区域环境与产业集群创新绩效这一复杂系统的互动机理，利用案例研究探究 How（怎么样）和 Why（为什么）的问题要比 What（是什么）的问题更加合适。因此本书选用案例研究方法，对江苏省若干产业集群进行了访谈调查，访谈采用半结构化的方式进行，访谈提纲详见附录Ⅰ。根据访谈数据，本书运用质性研究的方法，对区域环境所包含的内部结构要素实现区域环境概念的"构念化"，并进一步构建区域环境与新

兴产业集群创新绩效之间的因果机理研究模型，这为后面进行更深入的理论分析提供了重要的实践支持。同时，多案例研究框架的综合情境取向能够兼顾探索过程中的信息丰富性和研究结论的普适性，而扎根理论研究工具的应用则有利于增加案例研究的规范性和研究信度。

定量分析和实证研究：主要使用统计分析和结构方程的研究方法。研究建立在深入调研的基础上，通过问卷设计、问卷调查和访谈获得一手资料，并运用 SPSS 软件对这些资料和数据进行初步的整理和分析，在描述性统计分析的基础上再运用多元回归分析和结构方程模型对书中构建的有关理论假设进行定量分析和验证。此外，本书还采用了方差分析的方法对不同集群年限的集群创新能力和集群创新绩效进行了比较。

1.4.2 技术路线

本书以新兴产业集群为研究对象，重点分析了区域环境对新兴产业集群创新绩效的影响机制，并通过调查问卷和数据处理，具体分析了集群政策的实施、集群内企业竞合氛围、集群社会文化状况以及创新要素等环境对集群创新绩效的影响程度，从而就提升新兴产业集群创新能力、改善其集群绩效提出了区域环境建设的思路。在书中注重把握理论前沿、收集第一手调查资料、采用科学研究方法，具体技术路线如图 1.1 所示。

1.4.3 章节安排

根据上述技术路线的逻辑安排，本书的研究共分为 7 章，其总体研究框架如图 1.2 所示，具体章节内容如下：

第 1 章是绪论。该部分主要阐述了本书的研究背景、目标和意义，同时，对本书的基本概念、研究内容、研究方法和意义进行了归纳总结，最后介绍

第1章 绪 论

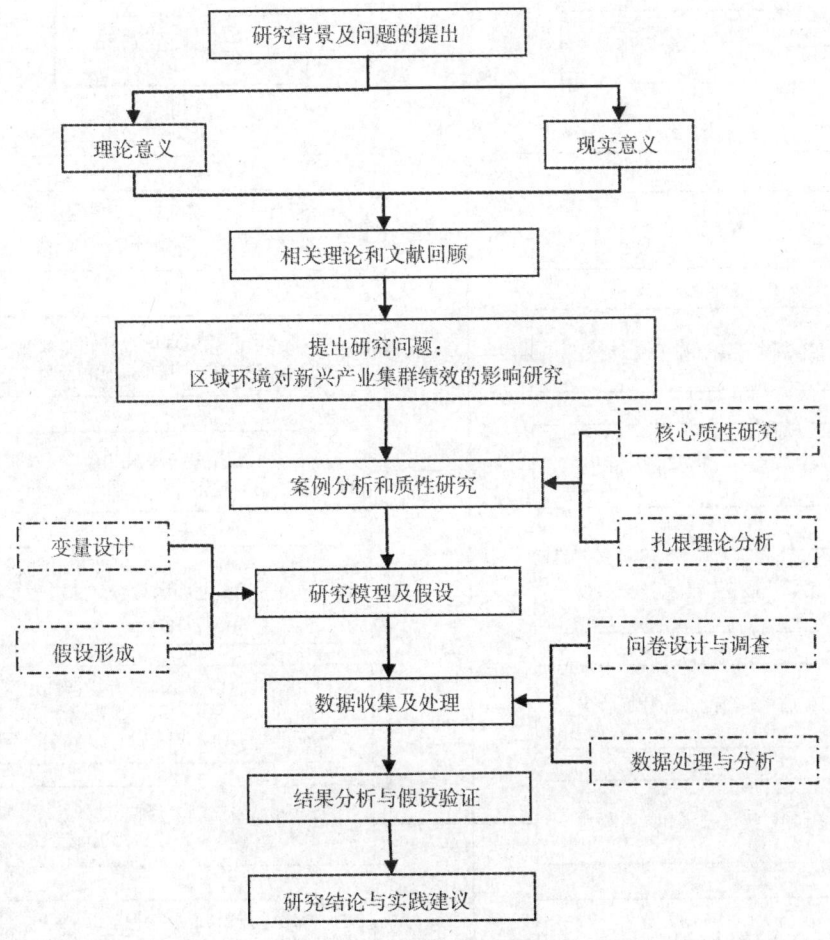

图1.1 研究的技术路线图

了本书的主要创新点。

第2章是理论基础和文献综述。该部分对产业集群有关理论、能力理论、创新理论和社会网络理论等相关理论进行全面的回顾和总结，并以其作为本书的理论基础。此外基于选题从区域环境、集群创新能力和集群绩效等方面对前人研究成果进行系统和全面梳理，指出现有研究的不足，为本书的展开进行前期铺垫。

第3章是案例分析和质性研究。在文献综述的基础上，对A、B、C、D

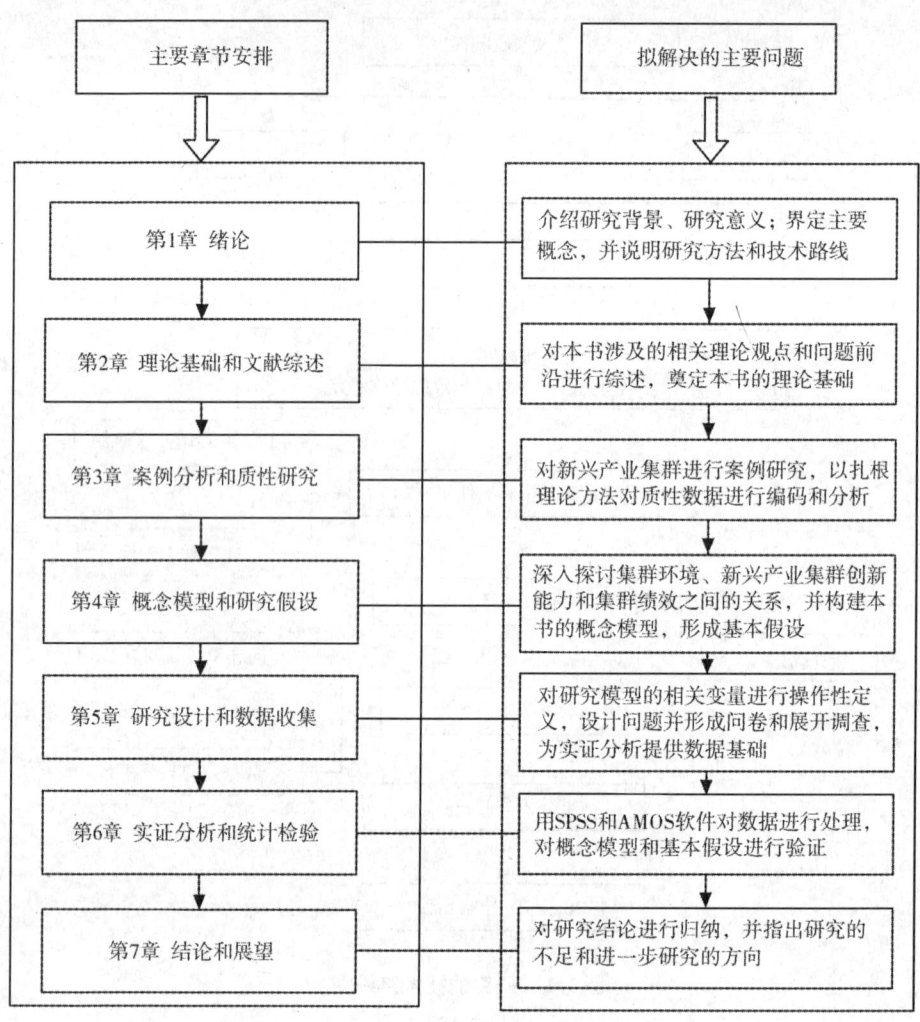

图 1.2　研究的基本框架图

四个地方产业集群进行探索式的案例研究,研究过程遵循多案例研究方法的一般程序,并辅以扎根理论方法对质性数据进行编码及分析。在扎根分析的基础上,就区域环境对产业集群创新绩效的影响机理以及集群创新能力的中介效应进行理论研究,以将理论演绎与实践归纳相对照的思路,修正或补充扎根模型中的初始命题,据此构建截面意义上的区域环境对产业集群创新绩效影响机理的初始概念模型。

第 4 章是概念模型和研究假设。在现有理论研究成果和质性研究基础上，构建出基于集群创新能力中介作用的区域环境和新兴产业集群创新绩效关系的概念模型，并对作用机制进行理论分析和论述，提出相应的研究假设。

第 5 章是研究设计和数据收集。该部分主要进行了实证分析前的量表开发、数据采集以及研究方法的确定。具体来讲，首先根据相关文献的回顾以及人员访谈和企业试调研，确定本书所涉及的测量量表；其次确定了本书的调查总体和样本的选择；再次介绍了本书正式调查工作的实施过程以及样本的基本信息；最后说明了本书所使用的研究方法。

第 6 章是实证分析和统计检验。该部分主要是运用第 5 章所阐述的方法对收集的数据进行分析和处理，并就相关分析结果对第 3 章和第 4 章构建的理论模型进行实证检验。主要内容包括对量表进行信度和效度检验，以及在此基础上进行相关分析、回归分析等，检验假设是否成立。最后，对检验结果展开讨论。

第 7 章是结论和展望。该部分主要是对前面的研究内容进行总结，归纳本书的主要结论、理论贡献和实践启示，在此基础上指出本书存在的一些局限，并提出未来可能的研究方向。

1.5 主要创新点

本书在理论研究的基础上，通过案例研究和扎根理论等质性研究方法，由表及里层层深入地开展理论探讨，形成了本书的概念模型和研究假设，进一步通过问卷调查和大样本数理统计分析，验证本书概念模型的正确性和有效性，并对模型进行了修正和完善。在继承现有研究成果的基础上，本书在以下三个方面进行了深化和拓展：

（1）本书结合新兴产业成长性、创新性和风险性的特点，从四个维度——创新要素环境、社会文化环境、区域政策环境、集群氛围环境明确提出了新兴产业区域环境的概念，并通过扎根分析及理论对照将之具体为可操作化的，可供实证分析的研究构念。对区域环境概念的明晰化和操作化不仅是对现有关于产业区域环境的补充和发展，还能起到推动实证研究开展的作用。

（2）本书结合了扎根式的案例探索、规范分析和统计实证方法，针对新兴产业集群构建一个"区域环境—集群创新能力—集群创新绩效"的因果分析框架，并且从微观层面上具体解剖区域环境、集群创新能力和集群创新绩效下各维度之间的因果关系，从而达到解剖机制黑箱的目的，这在理论推进和现象解释方面都具有较强的探索性意义。

（3）本书以质性研究为基础，又同时运用了多元回归分析、结构方程模型以及方差分析的方法。现有的对集群创新绩效的定量研究更多的是进行评价方面的研究，很少对集群创新绩效及其影响因素之间的关系进行定量分析，尤其是对"产业集群创新绩效随着集群形成时间出现的演化"方面的关注更是集中于定性研究。多个变量共同演化的现象既是近年来集群研究领域内的关注热点，同时也是研究难点。对此，除了注重共演模型构建时理论演绎方法的规范性外，本书力图以较长的持续研究时间和较大的扎根研究工作量保证研究结果的效度和信度，质性数据的翔实程度以及与实践情境的紧密结合将使研究结论具有较高的原创性和启示性，而质性研究方法和软件的使用为此提供了支持。本书在大样本问卷调查的基础上，考虑到研究假设中提到的集群氛围对集群创新绩效的倒 U 型影响，无法直接采用结构方程模型进行验证，于是首先采用了多元回归的分析方法，对变量之间的关系进行了实证研究。但是多元回归分析每次只能考虑自变量和因变量之间的线性关系，忽略了自变量之间、中介变量之间以及自变量和中介变量共同作用于因变量时的系统作用，因此本书又使用了结构方程建模的方法对区域环境、集群创新能力与集群创新绩效关系进行了整体性检验。此外，本书还采用了方差分析的方法，针对形成年限不同的新兴产业集群进行了集群创新能力和集群创新绩效的比较，进一步展示出新兴产业集群可能出现的演化规律，这在理论上具有一定的探索意义。

1.6 本章小结

本章作为本书的开篇，主要对全书的研究和写作框架做了基本规划。

首先指出本书的研究背景是基于三点，一是经济版图中的产业集群现象，二是新兴产业集群发展的现象以及现阶段对新兴产业的关注，三是集群绩效的差异现象。接着对本书的有关概念进行了明确的界定，并总结了本书的研究内容以及拟采用的研究方法，对全书各章节的写作内容做了初步安排，并且绘制了较为详细的技术路线图。

另外本章论述了本书的主要研究目的和重要研究意义。研究目的旨在揭示区域环境与新兴产业集群创新绩效之间的关系，辨析集群政策的实施、竞争与合作的氛围、集群区域社会文化的特点以及充足的创新要素集聚等环境对创新能力的影响情况，以及集群创新能力对创新绩效的影响情况，从而基于区域环境的建设提出提升新兴产业集群创新能力、改善其集群绩效的措施和方法。本书的研究意义主要体现在三个方面：促进我国新兴产业发展、推动集群创新能力的相关研究和为政府提供区域环境建设的理论依据。

通过本章的论述，本书的研究脉络基本得以体现。

第2章 理论基础和文献综述

本章主要是对研究主题所涉及的相关文献进行回顾与评述,主要内容包括本书的理论基础;区域环境、集群创新能力以及集群创新绩效的界定和构成维度;区域环境、集群创新能力和集群创新绩效三者之间的相互关系等。

2.1 理论基础

2.1.1 产业集群理论

综观有关产业集群的研究理论,从马歇尔(1920)的分析开始,到区域创新环境理论的演进过程,呈现出明显的多学科交叉特点,诸多理论分别从不同的研究视角出发,对产业集群进行了深入研究。尤其是20世纪90年代以来,研究焦点更加关注集群本地网络之间的互动、知识扩散机制、学习行为以及集群创新行为等。

1. 马歇尔的产业区理论

马歇尔(Marshall,1890)在其巨著《经济学原理》一书中,把专业化产业集聚的特定区域称为"产业区",并对产业空间集聚的原因归结为两方面，集聚带来的金融外部性和技术外部性[7]。

金融外部性主要体现在专业劳动力市场和中间品市场方面。产业的空间集聚促使了劳动力市场和中间品市场的形成，这也进一步提高了劳动力供给和中间品供给的效率。技术外部性主要体现在技术外溢而形成的产业空气。集聚内企业的商业秘密不再是秘密，容易轻易获得，信息交流和技术扩散营造了创新的区域环境，从而利于产业进一步的空间集聚发展。

马歇尔"集聚经济性"的发现，成为多种理论流派的学术思想渊源。

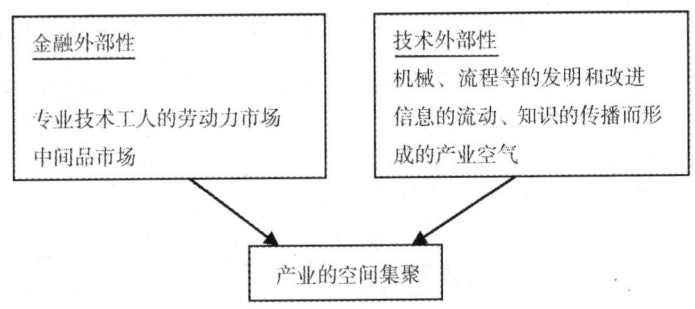

图 2.1 马歇尔对产业空间集聚的分析

2. 经济地理学派的产业集群理论

经济地理学是研究产业集群相关问题的一个重要分支，该学派以韦伯、佩鲁、克鲁格曼等学者为代表，主要是从地理学的角度对产业集群展开研究。韦伯（Weber, 1909, 1914）在20世纪初期发表了《论工业区位》、《工业区位理论》两篇名著，在韦伯的区位理论看来，一个工厂规模的增大能给工厂带来利益或节约成本，而若干个工厂集聚在一个地点能给各个工厂带来更多的收益或节约更多的成本[8]。

20世纪50至70年代，该学派研究的重点开始转向区域经济发展和区域政策等方面。学者们提出了很多有影响力的区域发展理论和战略模式。其中最有代表性的则是佩鲁（Perroux, 1950）提出的增长极理论，其认为具有优势的地区将随着产业的日益集聚而成为增长极,增长极因为技术的创新和扩散、资本的集中和输出、规模经济效益和集聚经济效益等对区域经济发展会产生集聚效应和扩散效应,且这两种效应是相辅相成的[73]。

而后新经济地理学的代表人物克鲁格曼通过建立不完全竞争市场结构下的规模报酬递增模型,成功地把空间问题引入主流经济学的研究范围,由其开创的新经济地理学理论也迅速成为产业集群研究领域之中的一个重要分支。克鲁格曼的相关研究结果表明:偶发因素、产业初步集聚之后的前、后关联关系,以及路径依赖都会对最后的集聚效果产生巨大的影响。而且这种循环累积过程使产业集聚一旦发生,就能自我增强并持续下去。这就使得传统的比较优势不再重要,一些产业在某个地区的形成并不是由于该地区的资源禀赋优势所致。因此,Fujita 和 Thisse(2002)认为产业的空间集聚或者是由自然形成的绝对优势或者比较优势而产生,或者是偶发的动态因素发生使集聚初步形成之后,由于产业内的关联关系(比如产业内人力资本的流动、创新的效用、知识溢出的本地化特征和中间品需求的组合投入等),以及路径依赖(区位特征)又会对集聚效应产生巨大的影响,从而循环累积使集聚呈现自我增强效应,如同滚雪球一样持续下去[7]。

从经济地理学派的观点来看,产业集群一方面会受到区域要素禀赋的影响,另一方面会受到区域内产业间关联关系的影响。

3. 社会经济网络理论的分析

特别值得关注的是格兰诺维特(Granovetter,1985)的有关研究,其把经济行为对特定区域环境关系(如制度安排、历史文化、价值观念、风俗、隐含经验类知识、关系网络等)的依赖性称为"根植性"(Embeddedness)[10]。首先,根植性是产业集聚长期积累的历史属性,是资源、文化、知识、制度、地理区位等要素的本地化,它是支持集聚生产体系地理集中的关键因素。产业集聚的本地根植性一经形成,就有难以复制的特性。其次,从社会网络的角度来看,不管在企业内部还是在企业之间,社会关系一方面可以降低管理费用，另一方面又可以提高企业的创新能力，同时社会网络使企业之间的边界模糊，从而有利于促进企业之间的合作。因此社会网络和社会资本等的研究也认为随着产业的空间集聚，企业、大学、专业代理和创新个体之间都形成了强烈的网络联系，同时这一网络保持着开放和发展，使得越来越多的创新资源集聚到这个地区。比较典型的如萨克森宁（Saxenian，1994）成功地用社会资本对硅谷和128号公路高科技产业发展历程的解析等[20]。

事实上，该学派延续了新经济地理学派的相关研究，认为经济行为和现象都根植于特定的区域环境中，产业集群的本地根植性，也即产业集群内部所形成的网络关系，才是产业集群创新能力的根本。

4. 新产业区理论的相关论述

全球化的产业迁移从1970年逐渐开始，表现为全球范围内发达国家的制造业大国衰退，工人失业，而东南亚新兴国家开始快速发展，但同时有学者注意到，在西方国家的少数几个地区，经济发展依然平衡，甚至继续增长。人们发现，这些地方都是由中小企业集聚而成，它们之间既竞争又合作，还包括非正式的交流等，这是由合作网络内生的一种机制，从而使当地经济快速发展。学者们把它们归为"新产业区"。Bacattini（1978）在对意大利Prato的毛织品产业区进行了细致分析之后，首次提出了新产业区的概念，并认为"新产业区是具有共同社会背景的人们和企业在一定自然地域上形成的社会地域生产综合体"，他还进一步指出产业区内企业间的互动是有社会文化支持的。而后，皮埃尔和赛伯（Piore & Sable，1984）则发展了这一理论，他们在系统地对"第三意大利"产业区进行分析的基础上，结合其他国家的一些地区，如德国的巴登——符腾堡的经济发展，指出20世纪70年代以来，大批量生产时代可能已经发展到了弹性专精的时代。王辑慈认为新产业区是以弹性生产方式为主的最发达经济区域的典型象征，它为技术创新提供了特殊的文化环境氛围（王缉慈，2001）。新产业区理论事实只是一系列理论的开端,随后学者们根据自己对于产业集群的研究,从不同的方面发展了有关观点。如 Harrison(1992)指出企业在区域内结成的网络必须植根于当地的社会文化环境。Capello(1999)指出区域内的个体在网络连接的过程中不断进行集体学习,促进区域创新网络和区域创新环境的互动,进而实现企业空间的不断集聚和新产业区的持续发展。

和新产业区研究有关的大量文献对某一空间集聚范围内的中小企业、企业家精神、特定的社会文化氛围以及根植于本地的学习创新系统模型等在地方经济发展中的作用方面给予了高度的评价。但是新产业区理论由于所处学科的不同,研究重点也有所不同,比如上述所提到的有关观点多为强调产业组织的意大利学派相关观点,此外还有注重交易成本的加州学派(新的"产业空间"学派)、波特学派(集群学派)和传承熊彼特创新思想的创新学派("创新环境"学派和"创新系统"学派)等,这些不同学派的观点对本研究都提供了有力的支撑。

(1)新的"产业空间"学派。学者 Scott(1986,1989)提出的"新的产业空间"认为在一个高度变动的市场环境下,本地化的生产协作网络存在降低社会交易成本和保护合作的因素,因此有利于提高企业的创新能力和灵活适应性。此外新的产业空间并不特别强调历史方面的背景。该学派指出各个工厂、企业或产业部门并不是被动地适应区位的条件,也能够通过自身具备的区位能力来创造新的产业空间,斯科特认为从静态的观点来看区位能力是指购买原材料和保证市场占有率的能力,从动态的观点来看是技术创新、组织变革、劳动力优化、技能训练以及投资增加等力量合成的创造区位的能力。通常而言,高技术产业或新兴产业的区位能力很强,它们可能在各地自由选择区位,打开"区位机会窗口"。不过,相对不发达地区对新产业的容纳程度是有限的,因此常见的情况是新的产业空间靠近大中城市,在老产业区的边缘出现。这种观点有助于我们更好地理解在新兴产业集群发展的过程中,资源禀赋、政策等环境因素固然重要,但是更为关键的还是新兴产业自身区位能力的动态发展,在新兴产业集群创新的过程中,集群会有助于产业创新能力进一步的提升,从而增强区位能力。

(2)"创新环境"学派和"创新系统"学派。GREMI(区域创新环境研究小组)的主要概念是社会文化环境(Milieu)。该观点认为环境是一种发展的基础或背景,它使得创新性的机构能够创新并能和其他创新机构相互协调。创新环境被认为是在诱导创新的区域中由制度、法规、实践等组成的系统。创新环境理论实质上进一步强化了马歇尔提到的"产业空气",但是却更强调了产业区内创新主体的集体效率。不过GREMI学派只是反复强调环境的性质,但是没有特别说明它的机制和过程,没有说明为何本地化可以使技术和组织更富有活力。

创新系统学派又分为区域创新系统和国家创新系统两个主要流派。Cooke(1992)首先提出了区域创新系统的概念。Nelson(1993)也在同时提出了国家创新系统。国家创新系统指出技术的创新和传播需要大量政府部门和制度的支持,在创新和学习中除了正式的机构和制度之外,各种非正式的文化、习惯也影响着知识的积累和传承过程。国家创新系统强调各种正式的机构和制度,如大学、科研机构、金融机构、法律制度和社会管理体制等在创新环境建设方面的重要性。而区域创新系统则强调了各个正式机构在协同的作用中结网而创新,并融入到区域创新环境中去,更为强调开放性、本地化、动态化的特点,两者实际上是相互联系的,区域创新系统是国家创新系统的基础和有机组成部分。区域创新是一个中观层次的创新问题,它不仅依赖于当地的创新网络与环境,也依赖于地区自身与其他地区合作。这些合作包括资源流动、知识扩散和学习制度等。

区域创新系统认为劳动力、教育、研究机构、知识外在化和溢出等创新的前提条件在区域之间的分布是不同的;产业集群通常是地方性的,在特定区域中所形成的网络和创新模式;通过集体学习的方式、地方性的生产系统中一种共同的技术文化可能发展起来,产生一种创新环境;大学——产业联系和知识溢出经常导致区域高技术发展；在创新过程中区域政策正在起着一个更加积极的作用，并通过特定的制度和机构提供创新支持。从创新环境学派和创新系统学派来看，都把区域环境看作是影响产业集群创新能力的关键因素，只不过创新环境学派的多数研究是把官、产、学、研等行为主体在区域中的网络视作一种环境，而创新系统学派则认为创新网络有别于区域创新环境，两者的有效叠加才构成了区域创新系统。

（3）集群学派。以波特为代表的集群学派认为国家竞争优势是通过一个高度本地化的过程创造和发展起来的。其核心思想认为一个国家产业竞争环境影响到该国产业的发展，并进而促进或者阻碍国家竞争优势的产生。波特还对产业竞争环境的构造要素进行了分析，具体包括生产要素条件、需求条件、相关支持性产业和厂商结构、战略与竞争，这四个要素共同作用和影响，形成了影响产业发展的菱形钻石体系，而该体系便是影响产业竞争力的国家环境。在波特看来，具备国家竞争优势的产业是由区域内的企业所形成的，它们获得成功的原因便是区域具备了富有挑战性的国内环境，因此国家（或区域）应当创造环境条件来培育产业的竞争力。

从产业集群相关理论来看，无论是早期以马歇尔为代表的产业区理论，以韦伯、佩鲁和克鲁格曼为代表的经济地理学派，抑或是后来逐渐发展起来的社会经济网络学派和新产业区理论等，均认为区域环境是影响产业集群绩效的重要因素，集群内各类主体的经济行为是根植于特定的区域环境中的。尤其是新产业区理论的相关学派，尽管学者们关注的焦点以及对区域环境的理解有分歧，但普遍认为集群能力或者集群竞争力等都受到集群所根植的区域环境的影响，即区域环境会直接影响到集群的创新能力或者集群的竞争力，并影响到集群的绩效。产业集群理论的相关研究为本书奠定了坚实的理论基础。

2.1.2 企业能力理论

1. 资源基础理论

资源基础理论（Resource – Based View，RBV）是企业能力理论的重要组成，该理论可以追溯到英国学者彭罗斯（Penrose, 1959）的贡献，他认为企业不仅是一种管理性组织，更是一种资源的集合体。该理论的核心观点是企业持续竞争优势的源泉是企业所拥有并高效运用的一系列有价值的、稀缺的、不易模仿和难以替代的异质性资源（Wernerfelt, 1984; Barney, 1991; Prahalad & Hamel, 1990; Grant, 1991; Nelson, 1991; Helfat & Peteraf, 2003）。这些资源包括依附于企业的半永久性拥有的有形的和无形的资产（Wernerfelt, 1984），及其控制的并使其能够制定和执行改进效率和效能的所有的资产、能力、组织过程、企业特性、信息和知识等（Barney, 1991）。资源基础理论是从企业的"异质性"去观察企业内部的资源及能力，其重点在于识别、澄清、配置、发展企业独特的资源与能力，并能与企业的竞争优势和生存发展息息相关（Wegloop, 1995）。

资源基础理论使人们看到了组织可以采用不同的策略改变自己、选择环境和适应环境。资源基础理论的应用也存在一定的不足，传统资源基础理论把企业看作独立的实体，假设由企业控制或拥有资源才是创造价值的资源（Amit & Schoemaker, 1993; Barney, 1991），这种解释并不全面。对资源的所有权和控制权不是创造竞争优势的必要条件，仅关注企业拥有或控制的资源会削弱伙伴企业所拥有资源对竞争优势的贡献，且该理论本身无法解释企业在与合作伙伴经常的合作关系中共有资产如何获取竞争优势（Lavie, 2006）。可见传统的资源基础理论没有同时关注企业自身资源和伙伴企业资源的共同作用。

作为能力理论的一个流派，资源基础理论为我们分析企业能力的基础提供了重要的依据，也为集群创新能力的分析提供了有力的理论支撑。虽然 BRV 理论将其研究聚焦于企业内部资源，但企业作为一个开放的系统，企业外部自由流动的要素性资源对企业获取竞争优势的影响是不容忽视的。但是这些外部要素在没有能够转化为企业的战略性要素之前，企业借其来获取竞争优势的潜力是无法发挥的。什么状态下企业外部要素资源会具有异质性和不可流动性？按照蔡宁和吴结兵（2007）的观点，在产业集群内部的企业之间，存在游离于企业外部但又限制于集群内部的外部性资源。集群内部企业虽然无法对这类资源进行独占，但由于这类资源附着在整个集群内部，因此，集群企业可以通过共享该类资源以达到获取竞争优势的目的。从这个角度来讲，企业自身资源以及其能够在产业集群中获取的资源均是提升集群企业能力的关键，而且作为产业集群而言，产业集群内部企业所共享的各类资源应该是集群创新能力形成的基础。

2. 核心能力理论和动态能力理论

有些学者着重强调企业内部的技能、集体学习以及其管理技术能力而并不是资源在获取竞争优势中的核心作用（Prahalad & Hamel，1990），并由此提出了"核心能力"的概念。这些相关研究使得资源基础观理论得到了延伸和拓展。

在 Nelson 和 Winter（1982）演化经济理论的影响下，动态能力的概念得以发展形成，并成为企业能力理论研究领域新的热点。Teece 等（1997）在其发表的《动态能力和战略管理》一文中最早明确提出了动态能力。他们认为企业的竞争优势来源于企业自身卓越的管理与组织过程、特定资产构成的位势以及企业演化的路径依赖性。动态能力中，动态性是指企业为了实现与变化的商业环境相匹配，必须对自身能力进行更新；能力则强调战略管理在适应、整合、重构内外部组织技能、资源和职能胜任力以匹配环境变化要求中具有的作用。此外，他们还进一步提出了构建动态能力的 3P 模型，即组织过程（processes）——如惯例、学习的模式等，位置（positions）——企业专用性资产和发展路径（path）——企业的战略等。动态能力理论认为企业未来的竞争优势由当前的资源和活动所决定，强调管理层需具备对企业所拥有的资源和胜任力进行不断更新的能力，以增强企业的技能、特定资源和胜任力。

核心能力理论和动态能力理论对于我们分析集群创新能力的内涵和构成具有重要的启发，主要体现在企业能力和集群创新能力不仅要强调资源基础，还要强调企业自身的技能以及学习和管理能力。

3. 企业的知识基础观理论

企业的知识基础观（Knowledge – Based View）是能力理论的另一个拓展和分支，其强调企业是具有异质性的知识体，因而企业的竞争优势源自企业对知识的创造、存储以及应用（Zander & Kogut，1995；Spender & Grant，1996）。Dierickx 和 Cool（1989）认为，企业拥有的非凡的知识存量和流量是企业获取持续竞争优势和卓越绩效表现的源泉。Kogut 和 Zander（1992）的研究进一步构建了基于知识的企业理论。他们认为知识由个体所持有并且嵌入人们所在组织的组织规则之中。因此企业的知识的创造具有路径依赖的特点。他们还认为，企业只有依靠对其现有知识进行持续不断的重新组合，才能长期保持竞争优势。Grant（1996）则明确提出了知识基础观理论，他认为组织的本质表现为对各种生产所需的专业化知识进行整合，并将其应用于新产品和新服务，企业也因此可以定义为对知识进行整合的制度安排。Grant 还强调了网络在企业知识整合中的作用，认为企业间的关系网络有利于知识的跨组织传递，是企业对知识进行整合的一种有效机制。Szulanski（1996）根据 RBV 的分析框架，对能够为企业带来竞争优势的知识进行了描述。他指出，能够成为企业战略性资源的知识必须具备模糊性，难以模仿性和难以转移性。正如 Grant 所认为，隐性知识更可能成为企业竞争优势的源泉。

概括起来，企业的 KBV 理论认为企业的竞争优势来自于企业所特有的、具有路径依赖性的、难以为竞争者所获取和模仿的知识体系。

纵观企业能力理论的演进路径，从资源基础理论、核心能力理论和动态能力理论到知识基础理论均对企业能力的来源有着不同的解释。资源基础理论认为企业能力的基础是资源，而核心能力和动态能力理论则认为企业能力形成的关键不仅在于资源，更在于企业独特的组织和管理能力以及学习能力，尤其是动态能力理论特别强调了企业应能随着环境的变化而调整和更新自身的能力，知识基础理论则认为企业能力的基础是企业所拥有的知识体系，其中最为重要的则是隐含性知识。企业能力理论的提出，为解释企业竞争优势的来源提供了独特的视角。借鉴企业能力理论，本书认为集群能力是集群竞争优势或者集群绩效的重要基础，而且集群能力和集群所拥有的资源、集群内部企业的创新活动、集群内部企业的知识交流和学习能力有着密切的关系。

2.1.3 创新理论

"创新"概念最早由奥地利经济学家约瑟夫·熊彼特在1912年出版的《经济发展理论》一书中最早系统提出并加以论述。熊彼特认为创新是指建立一种新的生产函数，建立一种生产要素和供应函数，是在生产体系中引进一种生产要素和生产条件的新组合。熊彼特认为创新包含五个方面的内容，分别是引进新产品、引入新技术、开辟新市场、控制原材料的新的供应来源和实现企业的新组织。

在熊彼特的创新理论中，有一些观点深受学者认可，比如创新必须能够创造出新的价值、创新是经济发展的本质规定等。但是也有一些观点从现今看来还具有一定的局限性，比如其对企业家的独特界定以及对企业家在创新活动中作用的过分强调，往往会使企业忽略其他影响创新的因素，他还认为创新是在生产过程中内生的、创新中的研发活动，往往在正式的部门中出现。这些观点对现有的一些创新现象已经不能做出较好的解释。

从现有的文献来看，由于创新活动面临着更大程度的不确定性和不稳定性，创新并不仅仅是企业内部企业家对企业内部生产要素进行重新整合的行为所带来的结果。因此应该从更加宽泛的视角来解释创新，"创新既包括产品创新和过程创新或组织创新，又包括企业外部产业部门、区域和国家层面上的社会文化和制度等创新"（Morgan，1997）。因此创新有更多的影响因素，也经常存在于非正式的经济和社会活动中。

传统的创新模式以线性模型最为典型，其提出是20世纪50至70年代，该观点认为，技术创新的过程一般遵循技术推动或者需求拉动两种线性模式，分别是：科学发现—研究—开发—设计—中试—生产—商业化和市场需求—研究—开发—设计—中试—生产—商业化。这整个创新过程都是在企业内部完成的。这种模式忽略了技术创新复杂性的特点和技术创新环境多变的因素，因此很快就受到了很多学者的质疑（Freeman，1974；Nelson & Winter，1982；Dosi，1988）。在此基础上Nelson和Winter（1982）等认为企业创新不能仅限制在企业内部，创新过程也不再是简单的线性模式，在企业经营的每一环节都可能成为创新的结点。按照这一观点，创新可能发生在企业内部，也可能发生在企业与供应商、客户或者合作伙伴的交流协作过程中，甚至发生在其与竞争对手的相互竞争中。在此基础上，Klein和Rosenberg（1986）提出了创新的链环模型，该模型将技术创新的各个阶段和现有的知识技术存量以及基础研究联系起来，并考虑了创新链各个环节的反馈关系。相对于线性模型，这种过程模型认为创新作为一个增值和连续性的过程，其被现存的社会经济机构和企业的日常行为所决定（Camagni，1991），创新是一个"干中学"、"用中学"和"相互作用过程中学习"的过程（Malecki，1990，1997）。从创新的影响因素来看，企业在进行创新过程中的各个环节都需要企业外部的各种投入，而不仅仅是企业内部的企业家因素对一些要素的组合。而后随着创新活动本身的复杂性日益增加，又有学者提出了创新的并行模式和创新的网络模式。其中并行模式是根据日本企业创新过程的特点而进行的总结，该模式认为创新是多项职能的集成，强调企业内部各个部门的配合。

而罗斯韦尔所总结的创新的网络模式指出"有相当多的证据表明今天的创新在很大程度上更多地成为了一个网络过程"。创新企业不仅在内部需要更好地实现各功能的平行作业和一体化，而且还要同供应商和其他战略伙伴在技术创新上进行广泛地协作和外包。随着创新模型的不断提出，人们对创新问题的认识逐渐接近本质。

理论和实践已经揭示，创新过程中不同主体间的交互行为对于成功的创新非常重要。企业几乎从来不单独地创新，大多数创新活动都包含了多种成员的交互作用。创新不再是一个单独企业的活动，企业的创新越来越依赖于企业和组织中的技术窍门以及一些互补知识。

而后以弗里曼、纳尔逊等为代表提出的国家创新系统学派则从另外一个角度对创新进行了分析，该学派认为创新不是企业的孤立行为，而是由国家创新系统推动的。国家创新体系在优化创新资源配置上起到重要的作用，该体系可以更好地指导政府通过制定计划和颁布政策，来引导和激励企业、科研机构、大学和中介机构相互作用、相互影响，从而加快科技知识的生产、传播、扩散和应用。国家创新系统理论的提出，进一步强调了政府等在创新中的重要作用，但是这种作用不是政府直接加大对创新的投入，而是强调对创新的制度引导和政策支持。在这之后以库克等为代表的区域创新系统学派，也总结了和国家创新系统相类似的观点。从创新理论的发展来看，人们对创新行为的认识已经从企业内部转移到企业外部，从企业个体转向了企业网络，即便是企业网络也受到外在各种政策、制度和文化等环境的影响。

从创新理论的相关观点来看，其和集群的相关理论已经出现了部分的交叉和融合，比如创新系统理论既是集群理论的重要流派，也是创新理论的重要发展。从产业集群的角度来讲，集群通过企业间的纵向分工和横向分工，通过集群内企业间的信息共享、资源共享、互惠共生和竞合激励等，进一步推动了企业和集群创新的进程。由此对集群创新的研究符合了创新理论研究的发展方向，而且创新理论的相关研究也为集群创新的研究奠定了理论基础，本书正是基于创新理论的发展方向，在对集群创新能力进行研究时不仅关注了企业内部的创新活动，更加关注了企业和企业外部的其他机构相互配合进行创新的合作创新活动及能力，认为正是集群内部企业与其他机构之间形成的网络结构促进了创新行为和绩效。

2.2 相关文献综述

2.2.1 创新绩效的研究综述

对创新绩效的研究主要存在三个层次：第一层次关注的是企业创新绩效（Neely，2002；Shan，1994；陈劲等，2006；蔡莉等，2008；彭灿等，2009；张荣祥等，2009；范志刚，2010）。第二层次关注的是集群创新绩效（张淑静，2005；张危宁、朱秀梅等，2006；蒋云霞，2009；庄晋财等，2009；李卫国等，2010）。第三层次关注的是区域创新绩效（Bianca Poti & Roberto Badile，2000；官建成等，2001，2003；谢丽娟等，2009）。

从文献数量来看，对企业创新绩效和区域创新绩效的研究较为广泛，而对集群创新绩效的研究则相对稀少。从文献内容来看，对集群创新和区域创新绩效的评价或者测量方面，多数学者还是落实到了微观企业上面，也就是学者多从企业的创新绩效来对集群创新绩效或者区域创新绩效进行衡量。如官建成、王军霞（2001）对区域创新绩效的衡量；张危宁、朱秀梅等（2006）对集群创新绩效评价体系的研究；蔡宁、吴结兵（2007），胡恩华（2009），黄速建等（2010）等对集群创新绩效的衡量等都是借用问卷调查的方式调研企业创新绩效的情况，并进而衡量区域或者集群创新绩效的情况，因此下面将重点围绕集群创新绩效评价指标和区域创新绩效的评价指标两个方面进行阐述。

1. 对集群创新绩效的评价和指标选择

学者对集群创新绩效的衡量多是采取多元性指标（顾志群，2004[74]；张淑静，2005[75]；张危宁等，2006[76]；蔡宁、吴结兵，2007；左和平、杨建仁，2010[77]；黄速建，2010），这些评价指标有些是把产业集群视为整体，从产业集群发展的条件如集群的开放程度，基础设施承载能力、产业集群合作和竞争情况，以及产业集群的成果比如经济效益，成长效应等方面对产业集群绩效进行评价；有些是从集群企业绩效来反映集群的总体创新绩效，采用的指标有核心技术、创新能力、生产能力等方面。而且鉴于集群不是一个独立区域，较难从统计口径获得数据，多数集群创新绩效的衡量是通过对集群内的企业进行问卷调查，然后利用集群内企业的有关数据来进行相关测量（蔡宁、吴结兵，2007；黄速建，2010）。

从现有对集群创新绩效的评价来看，鉴于集群创新绩效数据的难获得性，采用集群所在区域的创新绩效或者集群区域内企业的创新绩效来衡量产业集群创新绩效是可行的。本书借鉴蔡宁、吴结兵（2007）以及黄速建等（2010）的相关研究，采用集群区域内企业的创新绩效来对集群创新绩效进行衡量。

2. 对区域创新绩效的评价和指标选择

国内学者对区域创新绩效的研究大多是采用统计年鉴的有关数据，采用数据包络分析（DEA）或者随机计量经济学分析模型对国内若干省市的创新绩效进行评价和比较，这些研究的关键在于创新绩效指标的选择。

Nasierowski 和 Arcelus（2003）利用 DEA 的方法探讨了经济合作与发展组织（OECD）国家的创新效率问题[78]。邵明理（2006）利用 DEA 的方法选取研发（R&D）人员全时当量和 R&D 经费支出总额为投入指标，选取发明专利授权量、技术市场成交额、高技术产业增加值规模以上企业占全国比例、新产品产值率和高技术产品出口额等为产出指标，对八大区域的创新绩效进行了评价研究[79]。任胜刚、彭建华（2006）通过科技投入到经济产出的两阶段模型，对中部区域创新系统的绩效进行评价，并与京、沪、粤地区进行对比分析[80]。程占永、李琳等（2010）从创新投入和创新产出两个维度设计了区域创新绩效评价指标，其中区域创新系统的创新投入包含科技经费支出额、R&D 经费、R&D 经费占 GDP 比例、科技活动人员、R&D 人员、科学家工程师、R&D 科学家和工程师等指标；创新系统创新输出的指标有：高技术产业规模以上企业增加值、高新产品销售收入、高技术产品出口创汇额、国际三大数据检索系统（SCI、EI、ISTP）收录的科技论文数、技术市场成交合同金额、万元 GDP 综合能耗。然后以 2000~2006 年全国统计年鉴的面板数据分析了全国除西藏外各省市的区域创新绩效情况[81]。这些研究中对创新投入和创新产出都采用了多指标体系，而且数据都是来自于统计年鉴。

官建成、刘顺忠（2003）选择了发明专利作为创新绩效的产出指标，分析了创新资源在创新系统各个机构的配置对区域创新绩效的影响，并认为影响区域创新系统创新绩效的瓶颈因素是创新资源的使用效率[82]。Li（2006）采用随机前沿计量经济学分析模型，以 R&D 为投入变量，以专利授权为产出变量，利用相关统计数据，对我国各地区创新绩效进行了分析。但是像官建成、Li 等的研究中仅仅考虑专利授权总量的创新产出指标受到了李习保（2007）的质疑，其认为由于我国专利授权总量中包括相当一部分非职务（或个人）专利，而这部分专利的投入要素在我国研发投入统计中很难体现，因此，分别以研发投入和专利授权总量为创新投入和产出指标，评价区域环境因素对创新效率的影响，难免存在一定问题。李习保（2007）在以上研究的基础上，选择了研发投入要素和环境因素变量作为创新投入指标，并分别选择了专利授权总量和职务专利数作为测量地区创新产出的指标，还对产出指标不同所产生结果的差异进行了解释[83]。张昕、李廉水（2007）则进一步对现有的创新绩效产出指标如新产品产值、专利授权量和专利申请量等进行了慎重的选择,并认为专利申请量的数据相对新产品产值而言易获得且和技术创新关系密切,更容易反映技术创新的效果,所以选择了专利申请量作为创新绩效的产出指标。在考虑创新绩效的影响因素时,他们认为应该从两个方面考虑:一是影响创新绩效的内生变量,表现为研发经费和研发人员的投入;二是影响创新绩效的外生变量,表现为区域环境因素的影响。他们进而对区域环境因素具体界定为环境的多样化溢出、专业化溢出和空间溢出,并通过对我国医药、电子及通信设备制造业实证分析的结果显示,知识的专业化溢出对两类制造业的区域创新绩效存在积极影响;多样化溢出对医药制造业区域创新绩效的影响为正,对电子及通信设备制造业的影响为负。实证结果表明,各类知识溢出对区域创新绩效的影响存在行业间差异和国家间差异[84]。

以上对区域创新绩效的评价多是利用统计年鉴中的相关数据进行的,但也有部分文献采用了对企业进行问卷调查的方式,以企业的创新绩效来衡量区域的创新绩效。如官建成、王军霞(2001)以人均新产品销售收入和人均新产品利润额两个指标来衡量企业的创新绩效,并以企业的创新绩效表征区域创新绩效,从而基于他们对北京地区1071家企业的问卷调研,分析了产学研合作对区域创新绩效的影响[85]。

从评价指标的选择来看,学者们多以专利申请(或专利授权)和新产品产值等作为创新产出的重要指标,并以研发经费投入和人员投入作为创新投入的重要指标,然后根据各自研究的不同目的,衡量了创新的投入产出效率。学者们对于创新产出指标的分析和选择为本书进行创新绩效量表的设计奠定了一定的研究基础。此外,张昕、李廉水(2007)对区域创新绩效的研究中同时考虑了影响区域创新绩效的外生变量和内生变量,这项研究显然也为本书以集群创新能力作为中介变量探讨区域环境对集群绩效的影响奠定了一定的研究基础。

2.2.2 区域环境的研究综述

1. 区域环境的构成

现有对产业发展环境的一些研究主要集中在两个重要的理论学派,一是集群创新环境学派对环境的研究,二是区域创新系统学派对环境的研究。

集群创新学派是由区域创新环境研究小组(GREMI)最早发展起来的。其主要概念是社会文化环境(Milieu),并认为环境是一种发展的基础或背景,其使得创新性的机构能够创新并能和其他创新机构相互协调,他们将集群创新环境定义为在有限的区域内,主要的行为主体通过相互之间的协同作用和集体学习过程,而建立的非正式的复杂社会关系网络。该学派事实上把集群创新环境和集群创新网络看作同一个概念(Bramanti & Maggioni,1997)。Cooke(1992)是最早提出区域创新系统的学者,他将区域创新系统定义为"企业及其他相关机构经由以根植性为特征的制度环境所形成的交互学习系统",之后的学者们大致基于这样的观点,认为区域创新系统一般由两个重要要素组成,一个是主体要素,另一个是环境要素(Wiig,1995;冯之浚,1999;黄鲁成,1999;彭灿,2002;魏康宁等,2002),也就是说区域创新系统学派的研究中有效地区分了区域创新网络和区域创新环境。鉴于学者们研究的目的各不相同,他们对环境要素的理解也各有不同,但大多比较一致地把要素环境、社会文化环境、制度或政策环境视为环境要素的重要构成,并认为环境要素是创新能力的重要支撑。因此自区域创新系统提出之后,对环境的研究便成为了学术界创新研究的重点领域之一。研究的主要方向有:对静态环境的研究、对动态环境的研究,以及对静态和动态环境的共同关注。

(1)对静态环境的研究。这类研究把环境视为促进区域内相关行为主体不断创新的资源或存量(张俊,2006;陈理飞,2007)。这种研究方法比较接近对环境的一般性描述,相对较容易识别和配置环境,并能清楚反映区域所拥有的基础设施、资源状况和市场现状等,但这种环境是否能够有效提升和改善区域创新能力却未得到证实。

(2) 对动态环境的研究。对环境的动态研究也有两种切入,一种是把环境视为一种创新网络,并认为环境是一种创新性的根植性环境,这种环境是随着环境内主体的交互作用而不断地变化。上述所提到的 GREMI 的研究便是很典型的对动态环境的一种研究。此外王缉慈(1999)也认为区域创新环境是发展高技术产业所必需的社会文化环境,它是地方行为主体(大学、科研院所、企业、地方政府等机构及其个人)之间在长期正式或非正式的合作与交流的基础上所形成的相对稳定的系统[86]。这种动态性的环境研究不仅指明了环境研究中的重点因素:企业间的交互作用,而且也对地方政府为了提高区域的竞争力进而构建和优化区域环境指明了方向(王缉慈、盖文启,1999;Maillat,1998)。另一种是主要分析环境的演化规律、发展道路和轨迹,从而指出环境的变化对区域组织结构或绩效的影响(Gansey, 1998; Damanpour & Gopalakrishnan, 1998[87];李远,1999[88])。

(3) 对静态环境和动态环境的共同关注。盖文启(2002)从软环境和硬环境两方面展开对环境进行了研究,其认为硬环境主要关注的是基础设施和自然地理条件,这是一种静态环境,而软环境主要关注的是政治、法律、经济、文化以及社会服务方面的环境,这种软环境随着客观条件的变化,随时进行自我创新和改善,因而是一种动态环境[41]。事实上,从现有的研究来看,多数研究多集中在对静态和动态环境的共同关注。如波特(1990)在对国家竞争力分析的钻石模型中对影响产业竞争力的四大要素:需求因素,生产要素因素,企业战略、企业结构和同业竞争,相关与支持性产业等的分析,就是静态环境和动态环境的兼容。中国科技发展战略研究小组(2002~2009)从基础设施、市场需求、劳动者素质、金融环境和创业水平等五个维度研究创新环境[42]。胡恩华(2007)从地理区位环境、法制政策环境、社会人文环境、技术环境和市场环境等几个维度对环境进行了研究[89]。郑波

(2009)把区域创新环境分为基础要素环境、政策环境、文化环境、学习环境、协同环境五个维度[90]。黄攸立、熊宇（2010）从研发基础设施、信息、环境、政策环境、法制环境、创业水平、技术水平、创新人才、市场需求等分析创新环境[91]。谢瑾岚、马美英（2010）认为区域环境包含四个重要因子，分别是科技环境、市场环境、政策环境和金融环境[92]。黄速建等（2010）从三个维度——集群政策、创新要素、相关和支持产业情况对环境进行了研究。上述分析均是对静态和动态环境的共同关注，这种分析也是目前对环境分析的主流观点，本书也将其应用到了对环境构成的分析上。

2. 区域环境的评价

对区域环境的评价研究大致存在几个方面：一是考虑环境的构成和评价指标，然后采用层次分析法来对环境的质量进行评价（中国科技发展战略研究小组，2002；李婷、董慧芹，2005；赵强、杨锡怀、孙琦，2006；鲁虹、李颖，2006；李卫国，2009；李琳、陈文韬，2009）；二是根据各自的研究目的，利用不同形式和内容的问卷对环境进行调查，并在这基础上采用社会网络分析方法、统计分析法等对区域环境进行识别和评价（刘伟、盖文启，2003；林迎星，2006；黄速建等，2010等）。

(1) 利用层次分析法对环境的评价研究。中国科技发展战略研究小组（2002），李婷、董慧芹（2005）[93]，赵强、杨锡怀等（2006）[94]，鲁虹、李颖（2006）[95]，李卫国（2009）[44]，李琳、陈文韬（2009）[96]等对环境评价的相关研究中，由于侧重点的差异，对环境评价一级指标的选取也存在一定的差异。但是多数研究都选择了基础设施、市场需求、政策环境、文化环境、社会资本或组织网络作为一级评价指标，再就每个一级指标选择了若干个二级指标或三级指标，对环境进行评价研究。

(2) 采用问卷调查的方法对环境进行统计分析研究。刘伟、盖文启（2003）[97]，林迎星（2006）[98]，黄速建等（2010）对环境评价是通过问卷调查的方法来进行，其问卷中主要覆盖的也是市场环境、融资环境、劳动力环境、政府服务环境、中介服务环境、税收负担环境和企业合作环境等类别。这和层次分析法对环境指标的选择是大致相同的。以上研究中对环境评价相关指标的选择对本书分析环境的维度也提供了强有力的支撑。

3. 区域环境的测量

有关区域环境的测量,目前还未形成一致的量表,学者们根据不同的研究侧重点,设计了不同的测量量表。

如盖文启(2002)在对北京中关村地区的区域环境测量量表中包含了劳动力获得机会、服务的方便程度、获得信誉的可能性等一共 11 个测量问题。张洪石、付玉秀(2005)在综述国内外文献的基础上,把影响创新的环境因素分为市场环境、社会环境、政策环境和企业文化环境几个方面,并设计了市场的动荡程度、高层管理者感知的威胁程度、政府对行业管制的力度、企业文化的激进程度等共 14 个测量问题,还通过因子分析,把 14 个环境因素归为了三个因子,分别是环境变化因子、环境支持因子和环境依赖因子[99]。胡恩华(2007)将集群外部环境分为自然环境和社会环境两个方面,并从地理区位环境、法制政策环境、社会人文环境、技术环境和市场环境等几个维度对环境进行了测量,其中量表中包含了自然禀赋状况、创新文化氛围、公共品的供给状况和技术变迁能力等若干测量问题[89]。黄攸立、熊宇(2010)在对安徽省合芜蚌综合配套改革试验区区域创新环境现状实证考察的基础上,运用社会网络分析的方法,识别了区域创新环境的关键要素,分别是研发基础设施、信息、环境、政策环境、法制环境、创业水平、技术水平、创新人才、市场需求等[91]。

从对区域环境的相关文献综述中可以看到,对区域环境并没有一个明确的界定,对其构成和测量也因为研究内容的不同,表现了较大的差异,因此在后面的研究中,本书还需要根据前文对区域环境的界定,结合新兴产业集群的具体实践,进行扎根性研究,以对区域环境的构成进一步细化为操作化的构念,以供实证研究的顺利进行。

2.2.3 集群创新能力的研究综述

国内外对于集群创新的研究较为广泛,但是对集群创新的作用,却存在两种相左的观点。一种观点认为集群创新是产业集群保持活力的源泉。如 Baptista 和 Swann(1998)[50]、Carbonara(2004)[51]、柳杰(2005)[52]、李志刚(2007)[53]等指出集群创新是产业集群保持竞争优势的原动力,也是产业集群得以持续发展的先决条件,集群创新对避免集群衰退、停止以及集群的最终存活非常重要。赵强等(2005)认为产业集群创新的中间性组织模式优势、集群技术创新的分工优势、集群创新的扩散作用优势以及优越的学习能力优势是集群创新竞争优势的主要来源[100]。另有少数学者则认为集群创新未必表现出良好的创新的效果而对集群创新进行了质疑。如 Melmberg 和 Power(2005)在对现有集群创新研究的主要假设和经验研究进行比较后,认为理论研究中所强调的集群知识创新机制,如企业间的协作和竞争,产学研合作以及非正式交流等,并未获得经验研究的充分支持[101],Nooteboom(2004)更是认为地方产业集群往往由于其内部刚性而对创新起到阻碍作用[102]。此外,还有学者认为集群内企业之间的接近会导致过度模仿而不利于创新。因此,对集群创新的本质及其潜在决定因素的研究必须从动态和长期的视角进行重新审视,而能力理论则为集群创新本质的研究提供了一个良好的视角,学者对集群创新本质的分析更多的是立足于对集群创新能力的考察。

1. 集群创新能力的构成

知识和学习能力。多数学者的研究认为能力的基础是知识,因此在对集群创新能力的构成方面,学者们的研究也是从知识出发,认为集群创新能力主要包括知识生产能力、知识获取能力和知识利用能力(柳卸林等,2003;陈建峰,2003;周泯非、魏江,2009)。当然也有学者从集群学习能力的角度来分析集群动态能力，如 Ernst 和 Kim（2002）在对全球生产网络的研究中，把集群企业的学习能力归纳为一体化能力、内部化能力、外部化能力、再隐喻化能力、内部社会化能力和内部——外部互化能力等六种类型。

企业活动和网络互动能力。也有学者从集群内企业的活动、文化以及网络互动等方面考察了集群的创新能力。如 Shan、Walker 和 Kogut（1994）认为，强烈的嵌入网络中的公司可能得到更多的资源和信息[103]。Florida（1995）认为集群创新能力依赖于一个区域长期发展良好的相关产业厂商的网络合作能力、厂商与院校、科研单位的研发投入和开发能力、专业化服务的配套情况等。当然，他也强调了集群企业只有根植于地方经济之中，区域网络基础的产业系统才能促使集体学习能力的提高[104]。Gulati 和 Gargiulo（1999）认为，组织与其他企业之间的网络合作是获取重要创新资源的方式[105]。Tidd、Bessant 和 Pavitt（1997）认为建立有效的外部网络，有利于促进创新的识别[106]。Walz（1996）的研究表明，技术创新的区域集中与集群内技术等要素的溢出效应密切相关[107]。马建会（2004）认为成熟的产业集群创新网络，为集群企业营造了良好的知识转移机制和转移通道，从而有利于集群创新绩效的改善[108]。吴结兵、郭斌（2010）基于绍兴县纺织业集群发展，认为集群企业由于薄弱的技术能力和相对有限的资源，过于依赖诸如大学和科研机构等外部的技术力量，但却很难接近或者与它们展开深层次的合作，因此集群创新能力薄弱[109]。此外 Winter（2000）指出企业家的抱负水平会影响企业的创新水平[110]。还有部分学者认为集群内企业是促进绩效提高的重要载体，企业一方面要通过区域的选择有效利用外部资源，还要有效开发和利用内部资源（Zaheer & Bell，2005[111]；Gassenheimer、Hunter & Siguaw[112]，2007；Hsieh & Tsai，2007[113]）。在此基础上，Tsai-Ju Liao 认为集群内企业的绩效不仅受企业间信任关系的影响，还受企业自身资源以及创新活动的影响[114]。

但集群创新不应局限在集群内，为了促进产业集群发展，集群企业需要保持开放性，如潘崴伟、金雪军（2009）认为产业集群的创新不仅要整合群内的优势资源，更要注重集群与集群之间，集群与全球产业价值链之间的互动，而这一切都需要建立一个多元化的集群网络，通过集群网络进行知识的交流，共性技术的扩散转移以及优势资源的共享互补，最终使整个产业集群创新产生协同效应，实现集群创新绩效的最大化[115]。易明、杨树旺（2010）[116]，傅首清（2010）[117]也认为只有通过大学、科研机构获得多元化、差异性的知识和信息，并通过与集群外的企业、组织进行交流，最大限度地获取多方面的资源，才能最大可能地激发集群创新。

综合学者们的观点，可以认为集群创新能力的构成大致包括集群内企业对创新的态度，集群内企业在创新活动中所投入的资源和集群内企业的创新行为能力以及集群内企业与集群内外部机构，集群内外部企业间的合作创新行为能力。

2. 集群创新能力的评价

对集群创新能力的评价多数是采用了层次分析法选择多级指标对集群创新能力进行评价（中国科技发展战略研究小组，2002；刘友金，2002；王鹏飞，2005），当然也有一些研究是根据研究的目的，进而设计了问卷对集群内部企业进行调研，并在此基础上采用统计分析法等对集群创新能力进行评估或者测量（黄速建等，2010）。

刘友金（2002）设计的评级指标体系采用了R&D经费占总收入的比例、自主知识产权产品数占总产品数比例、从事R&D人员占年末从业人数的比例、高新区软环境建设指数、创业中心毕业企业总收入占科技园区总收入比重、科技园区技工贸总收入、人均总收入、利税总额、出口创汇等指标[118]。显然这些指标更多的是对集群创新绩效的衡量，而不是集群创新能力的测度。

王鹏飞（2005）等参考OECD出版的《奥斯陆手册》和《中国区域创新能力报告（2003）》中的创新能力评价指标体系，从知识流动能力、技术创新能力、创新环境、创新经济绩效设计了四个主要评价指标对产业集群创新能力进行评价。

表 2.1　产业集群创新能力评价指标

一级指标	知识流动能力	技术创新能力	创新环境	创新经济绩效
二级指标	技术合作 技术转移 国际技术投资	创新能力 R&D 能力 科研机构 人员素质	基础设施环境 服务软环境 政策支持环境 金融环境	宏观经济 产业国际竞争力 企业发展情况

资料来源：王鹏飞，张红霞，曹洪军. 基于 BP 神经网络的产业集群创新能力研究［J］. 科学与科学技术管理，2005（9）.

黄速建等（2010）从创新环境、创新意识、创新资源、创新活动、合作网络等 5 个方面设置了集群创新能力的评价指标体系，并围绕这些评价指标对全国范围内的 10 个典型的产业集群进行了问卷调研和分析评价。

3. 集群创新能力的测量

McEvily 和 Marcus（2005）[119]指出企业网络或者联盟内企业间的关系嵌入性是影响企业竞争能力的重要因素，这种嵌入性主要包括信任和信息共享，而这两者会共同作用于合作方的问题解决，从而影响合作者的竞争能力。他们对其中的信息共享采用了三个题项进行测量，分别是主要合作伙伴会提醒我们注意可能导致麻烦的事项、主要合作伙伴会和我们分享未来的安排、主要合作伙伴会和我们分享一些独占的或敏感的信息；对其中的组织之间的信任采用了三个题项进行测量，分别是主要合作伙伴和我们公平谈判、主要合作伙伴不会误导我们、主要合作伙伴遵守诺言；在对共同解决问题的能力进行测量时采用了三个题项，分别是主要合作伙伴和我们一起共同克服困难、主要合作伙伴和我们一起主动处理问题、我们互相帮助对方解决问题等。

蔡莉、柳青（2008）虽然没有直接提出集群创新能力的概念，但是其对集群内企业间的联系程度以及当地机构的参与程度的考察，恰是属于集群创新能力的范畴。在企业间的联系程度方面，他们设计了如下问题进行测量：

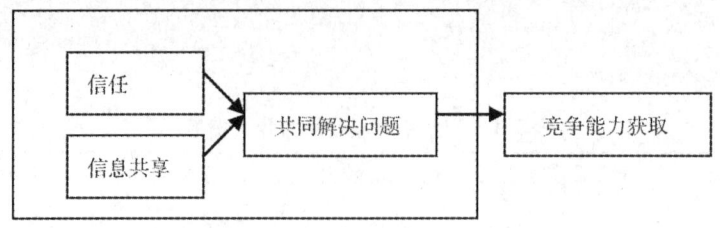

图 2.2　McEvily 和 Marcus 关于企业竞争能力研究的理论模型

①园区内各公司员工之间经常来往和交流；②园区内相互交往的企业之间可以信赖；③园区内顾客、供应商和竞争者彼此经常联系。在当地机构的参与程度方面，作者借鉴 McEvily B. 和 Zaheer A. 的定义，提出以下问题：①贵公司能获得当地大学、科研机构的支持和帮助；②园区内服务机构对贵公司的扶持是不能缺少的；③园区内服务机构对贵公司获得关键资源起到了重要作用。

陈劲（2007）借鉴了 Ramanathan 和魏江的研究，从研发能力（研发水平和研发投入）、生产能力（工艺技术水平、生产设备水平和问题解决能力）、市场能力（客户识别能力、产品和服务提供能力和协调能力）、人力资源因素（科技工程师数、员工培训水平和员工技术水平）等四个方面共 11 个题项来对企业技术能力进行测度。

于旭、朱秀梅（2010）在对集群内技术溢出和企业创新绩效的关系研究时，认为集群内部技术溢出会对企业创新绩效产生影响，但是这种影响受到企业吸收能力和企业创新环境两个调节变量的影响。他们分别从显性技术知识和隐性技术知识溢出的角度测量了技术溢出问题，其中隐性技术知识溢出主要包括管理技能、新产品开发技能、生产运作技能和营销技能四个指标，而对显性技术知识溢出的测量主要采用新技术和新专利两个指标。另外他们还借鉴 Cohen 和 Levinthal、Nieto 和 Quevedo 等的观点，从企业与外部环境的交流程度、企业专业知识与经验的存量、企业员工知识结构的多样性和重叠性来度量吸收能力。其中企业与外部环境的交流程度用公司进行市场研究、公司同其他企业、大学或科研机构合作开发新产品和新流程、公司到其他机构发掘能够开发新产品的机会三个指标度量；企业专业知识与经验的积累用公司通过改进竞争对手的产品和流程来创新、公司有能力消化吸收其他公司的技术、公司可以通过自己的研发力量进行创新三个指标度量；企业员工知识结构的多样性和重叠性用公司开发新产品由多个部门一起承担、公司人员都受过良好的培训、公司对某些技术有专长三个指标度量[120]。他们对集群溢出能力和集群吸收能力的研究对于集群创新能力的测量具有借鉴意义。

2.2.4 区域环境、集群创新能力和产业集群创新绩效的关系

1. 区域环境和产业集群创新绩效的关系

马歇尔（1890）、韦伯（1909）早期的研究中就指出产业集群往往形成于所在区域资源禀赋较好的地区，这就意味着较好的区域环境会带来良好的集群绩效；后期创新环境学派、创新系统学派更是将创新环境视为影响集群创新绩效的重要变量，如 Braczyk、Cooke 和 Heidenreich（1998）在其对区域创新系统的分析中认为微观主体创新绩效的增长并不仅依赖于自身的创新能力，更依赖于所在环境的创新氛围[121]。迈克尔·波特（1990）更是进一步提出了影响产业集群竞争力的钻石模型，分别分析了需求因素，生产要素因素，企业战略、企业结构和同业竞争，相关与支持性产业等四个因素如何作用于集群竞争力。其中需求因素影响产品发展；要素环境影响产业发展；企业战略、结构和同业竞争使得企业更加适应环境；相关的支持产业则因为加速了合作与信息交流，从而有利于产品与服务的创新和提高。当然，政府和时机也是波特所提及影响集群发展的两个支撑要素。在波特的钻石模型中，诸如市场条件、要素条件、政策环境、同行企业以及上下游企业间的竞争与合作都可以看作是影响产业集群绩效的重要的环境因素。

我国很多学者也认为环境是影响集群发展的重要因素。盖文启等

(2004) 指出相对一些陷入困境的集群而言，美国硅谷、英国剑桥工业园、印度班加罗尔这三个高技术产业集群的成功发展得益于主要产业的相对集中、配套体系的完善、当地大学和科研机构的集中、本地网络的开放性、政府的政策支持、创业和创新的文化氛围、丰富的劳动力资源、完善的基础设施和社会服务体系等[122]。喻卫斌、崔海潮（2005）[123]；孙丽文、李国卿（2005）[124]；赵付民、邹珊刚（2005）[125]等认为产业集群往往是交通便利、通信发达、生活设施完备的地区，而且创新环境通过向创新主体提供创新所需的各种关键资源使得创新更易于实现。吉亚辉、张营周（2006）[126]，宋周莺等（2007）[127]认为，软环境如社会文化环境等是产业集群的核心，产业集群内知识的创新与扩散是以社会文化环境为前提的。

学者们不仅对区域环境和产业集群创新绩效间关系进行了定性分析，还进行了大量的定量研究，这些实证研究多数是将区域环境作为自变量，创新绩效作为因变量。

谢丽娟、杨文鹏等（2005）将创新环境和创新绩效分别作为区域创新系统的投入和产出，并利用 DEA 模型对环境和绩效间关系进行了评价研究。赵付民、邹珊刚（2005）在衡量创新环境对创新绩效的影响时，从政府主导、市场主导和区域创新文化与价值观三个维度对创新环境进行了测量，结果显示区域创新环境对创新绩效有显著影响[125]。李习保（2007）采用随机前沿模型实证分析了创新环境因素对以专利测度的创新产出效率的影响，并认为一个地区对教育的投入程度和政府对科技的支持力度是促进创新效率的两个显著因素。胡恩华（2009）的实证研究结果表明：群外技术水平因素和市场因素对企业集群创新绩效有显著影响，而地理区位、社会文化、法制政策等因素对企业集群创新绩效没有显著影响[23]。李卫国、钟书华（2010）认为集群的创新绩效与集群主体素质、集群结构、区域环境高度相关[48]。当然也有研究将环境视为调节变量，比如前面提到的于旭、朱秀梅（2010）的相关研究。

从多数学者的观点来看,区域环境不仅是新兴产业集群发展的外在动因,而且是造成集群绩效差异的重要因素。对区域环境和集群绩效之间关系的研究不仅必要而且重要,但是目前定性研究较多,定量研究较少,且关于环境和绩效之间关系的定量研究还存在分歧的观点,因此对区域环境的建设方向欠缺指导意义,有必要进行进一步的深入探讨。

2. 区域环境与集群创新能力的关系

从现有对集群创新能力研究的一些文献来看,多数学者认为区域环境是集群创新能力的重要影响因素。如 Lawson 和 Lorenz(1999)、Keeble 和 Wilkinson(1999)以及 Heidenreich(2007)在分析集群创新的影响因素时,均提到了集群所处的环境(包括政府的作用机制)对集群创新的作用,甚至还把"政府提供公共产品"作为集群创新能力的一部分;同时环境要素也是区域创新系统以及国家创新系统的重要构成,区域环境的质量对集群创新能力有着直接的影响。Ernst 和 Kim(2002)认为集群学习能力受到知识资源、集群文化、社会资本和产业关联度等的影响,如图 2.3 所示[128]。Bramwell 和 Nelles 等(2004)的研究表明,现代的企业集群创新对环境尤其是软环境的要求较高,企业集群的形成除了需要有众多相关联的企业集中外,同时还需要配套的支撑性服务机构[129]。Maskell 和 Malmberg(1999)等认为企业在进行区位选择时会倾向于考虑该区域是否具备了有利于企业创新和学习能力提高的区域环境,区域学习能力和持续创新能力就取决于该区域相关产业的网络结构程度、技术基础设施、制度与文化等要素之间的关联互动,也可以说区域环境是区域创新能力的重要支撑[130]。Feldman(1999)认为产业集群创新能力与集群内技术资源的供给高度相关,如大学研究开发机构的密集程度、相关产业厂商的聚集程度,以及生产者服务网络的完善程度,都能形成良好的创新环境,从而对集群创新能力产生重要影响[131]。Porter 等利用 17 个 OECD 国家 1973~1996 年的统计数据,从基础设施的角度对国家创新能力进行了研究,结果表明,创新基础设施的完善程度对国家创新能力的提升具有重要影响[132]，该研究也是间接地反映了环境因素对创新能力的影响。

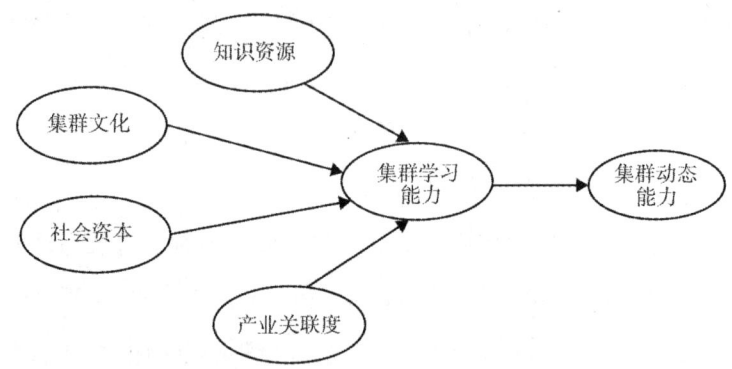

图 2.3 集群学习能力的影响因素

和国外学者的研究相类似，陆立军、于斌斌（2010）认为提高中介服务水平，企业间的学习、合作水平及加大制度、政策的支持力度是提高集群企业技术能力的主要途径[133]。牟绍波、任家华（2009）基于集群创新观念文化、创新制度文化以及创新环境文化整合而成的集群创新文化是推动高新技术产业集群持续创新的核心动力[134]。

这些研究以定性研究为主，也有少量的定量分析。章立军利用省级面板数据对创新环境和区域创新能力进行回归分析，认为创新环境中基础设施、劳动力素质、市场需求和金融环境现状影响区域创新能力，但该研究局限在其数据样本跨度仅有 2 年[135]。党文娟等采用负二项分布 Negatitive – binomial 方法分析了区域环境对区域创新能力的影响，这种影响表现出显著的正相关，但是该研究未考虑各地区创新能力的动态变化和发展[136]。岳鹄、康继军（2009）实证检验和系统分析了区域创新环境包括硬环境（技术创新设施、设备以及资金等）和软环境（政策、法律法规及制度等）对区域创新能力的影响[137]。黄速建等（2010）认为产业集群中的创新活动通常是嵌入到区域创新系统和国家创新系统中的，创新系统中的需求规模和结构、产业配套水平以及资金的可获得性、政府的产业集群政策等环境因素都会对集群创新活动产生重要影响,可以说创新环境是影响产业集群创新能力的重要参数[72]。余晓泓(2010)在对创业产业集群的创新行为进行研究时,认为创意产业集群的创新发展在很大程度上依赖于外部的诸如柔性的劳动力市场、地方文化资源、创意文化氛围、信息和技术资源以及制度激励环境等环境要素[138]。

上述研究对我们进一步分析区域环境和集群创新能力之间的关系奠定了研究基础,但是从现有对两者之间关系的定量研究来看,对环境的测度多是采用了一些间接的指标,比如采用研发人员数量来衡量当地人力资本投入;采用教育经费支出来衡量区域累积的知识存量;采用外商直接投资来衡量区域的知识溢出效应;采用存贷款总和除以当地人均 GDP 来表示金融规模,并用其来衡量区域的金融支持力度等(柳卸林,2003;李习保,2007;郭国峰等,2007),这样的间接指标虽然能反映出环境的特点,但是在评价时还是会存在一些偏差,从而造成结果的不准确性。因此还有待于寻求更好的衡量环境的直接指标或是采用其他方式来对区域环境和创新能力等进行测度,以更好地分析两者之间的关系。

3. 集群创新能力和集群创新绩效的关系

近年来关于这个问题的研究,已经从集群整体层次的规模经济、范围经济等角度向集群内部成员间的微观作用机制过渡。通过对理论文献的系统梳理以及对产业集群的现实调查都反映出创新能力是产业集群发展的重要驱动力,集群创新绩效是集群创新能力的直接反映。

Ron 和 Anne(2005)在对意大利南部制鞋的产业集群进行的研究表明,集群企业网络的开放性和内聚度对产业集群创新绩效产生重要影响。周泯非、魏江(2009)指出发展产业集群创新能力能达到创造产业集群持续竞争优势的目的[70]。

从所整理的相关文献来看,更多的文献不仅仅是对产业集群创新能力和集群绩效之间的关系进行了分析,还从实证的角度对这一分析进行了验证。

不过这些实证研究多是停留在企业层次。

如学者陈劲等（2007）以118家企业作为研究对象，对技术学习如何通过企业技术能力进而影响企业创新绩效进行了实证研究，结果表明技术学习的几个方面比如学习源、学习内容、学习主体、学习层次和学习环境均会直接或通过影响技术能力间接影响企业创新绩效，与此同时，研究结果也显示企业技术能力和创新绩效间存在正向相关关系[139]。陈钰芬、陈劲（2007）基于 Chesbrough（2003）提出的开放式创新的概念，利用问卷调查的方式，从开放的广度和深度两个方面测度了目前中国企业技术创新的开放度，分析结果显示，开放能促进创新，但对于科技驱动型产业的企业，开放度对创新绩效成倒 U 型的二次型曲线相关关系；对于经验驱动型的产业，开放度对创新绩效存在正线性相关关系，也就是说对于科技驱动型产业的企业，开放对创新绩效的促进作用相对更加明显，但是同时也意味着开放的程度要适宜，超出一定阈值的过度开放将对创新绩效产生负面影响[140]。他们对开放式创新的测度事实也是本书所关心的网络合作创新能力的重要构成。彭灿、杨玲（2009）认为企业技术能力和创新绩效之间存在显著的正相关关系[141]。张荣祥、伍满桂（2010）设计了有关网络动态能力、创新网络质量以及创新绩效的相关量表，并对143家创业型企业进行了问卷调查，研究的实证结果认为：网络动态能力和创业企业的创新网络质量以及创新绩效显著正相关[142]。

上述的这些研究对我们下文进一步分析产业集群创新能力和创新绩效之间的关系奠定了研究的基础，但是从现有的分析来看，一方面围绕两者之间关系的相关分析还不够深入；另一方面产业集群创新能力还没有比较一致的界定和测量工具，现有的一些定量分析文献或是仅对企业创新能力的测量，或者仅对网络动态能力的测量，这和本书的研究概念还存在一些偏差。

4. 区域环境、集群创新能力和集群创新绩效整体关系的研究

从上面的相关综述中可以注意到对上述两个变量间关系进行研究的文献较为丰富，但是对三者之间关系共同关注的较少。不过一些类似的研究也可

以为本书提供借鉴。如中国科技发展战略研究小组（2003）在对区域创新能力的评价中指出，由基础设施、创业环境、市场需求、金融支持、创业精神、劳动者素质等要素构成的创新环境是决定区域创新能力的重要变量，而区域创新能力又是宏观经济绩效提高的重要原因。

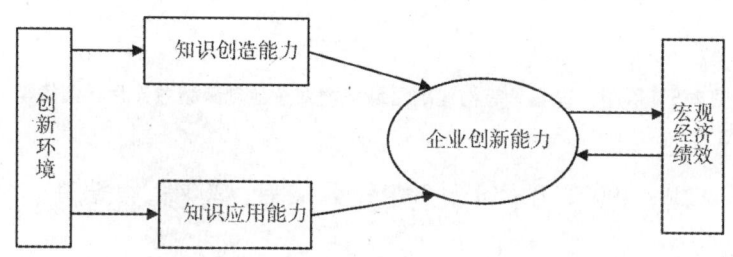

图 2.4　中国科技发展战略研究小组对创新环境、区域创新能力和经济绩效间关系的分析

资料来源：中国科技发展战略研究小组. 中国区域创新能力报告（2003）. 北京：经济管理出版社，2004.

徐彪、李心丹等（2011）指出学者们对区域环境和创新绩效的关系的研究存在两种观点：一种是把区域环境看成创新的基本要素；另一种是把区域环境看成影响创新投入产出效率的因素。在他们的研究中，把区域环境视为影响创新投入产出效率的因素，引入了企业 R&D 变量构建了如图 2.5 所示的研究模型。研究结果表明：人力资源环境和制度环境作为创新要素直接影响创新绩效；文化环境正向调节企业 R&D 投入和创新绩效间的关系，影响创新效率[143]。其观点和研究结论对本书理论模型的构建具有重要的启发。

5. 面向新兴产业集群的研究

区域环境因素（包括创新要素、政府政策、市场环境等）和集群内企业创新行为及能力不仅是推动新兴产业集群形成和发展的重要因素（Martin Bell, 1999[144]；仁寿根，2004；刘恒江等，2004；贾根良等，2012），也是造成集群间集群绩效差异的重要原因（Lundvall, 1992；Lagendijk & Charles,

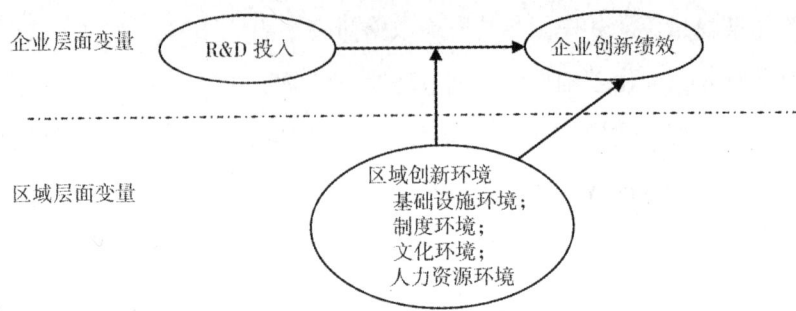

图 2.5　徐彪、李心丹等构建的区域环境对企业创新绩效作用机制模型

1997；Capelllo，1999；Beptista，2001；盖文启，2004；程德理、黄立平，2007）。

从新兴产业的生成和发展来说，学者任寿根（2004）以上海外高桥保税区新兴产业集群为例总结了新兴产业集群表现出较为明显的依赖政府主导和制度分割的特征[145]。刘恒江等（2004）认为正是在比较稳定的技术创新、非正规学习、合作竞争、知识分享和溢出、网络协作、区域品牌意识以及政府政策支持和引导等驱动力的综合作用下新兴产业集群发展并显示出强劲的竞争优势[146]。贾根良、杨威（2012）在对美国钢铁业发展的历史经验进行总结时，指出美国依靠促进人才培养及自然资源的合理开发，关税保护和专利制度等政策，以及集体发明活动等有效地促进了当时钢铁冶炼这一战略性新兴产业[147]。这充分反映了创新要素、政策以及集群创新活动对于新兴产业集群发展的重要性。汪秀婷、杜海波（2012）的研究进一步指出了战略性新兴产业的竞争优势的培育需要凭借环境子系统（各类资金、人才、信息、技术装备、资源、服务平台）、知识技术子系统（技术联盟、生产企业，研发部门等）、战略子系统（政府、市场等政策）以及核心网络子系统（政府主管部门、产业群、行业中介）等的支撑[5]。林学军（2012）的研究也表明由于新兴产业创新性和风险性的特征，政府应根据新兴产业的类型，加强人才政策、金融政策以及市场政策等的引导[148]。刘娜等（2012）也认为应该从技术因素和环境因素两个方面加强对新兴产业技术生态的培育[149]。

从新兴产业表现出来的绩效差异来看，学者 Capelllo（1999）从集体学习，Beptista（2001）从知识流动和外溢，Lundvall（1992）、Lagendijk 和 Charles（1997）从区域环境，Love 和 Roper（2001）从社会合作网络等角度分别对集群绩效的影响因素进行了研究，国内学者也有类似的研究结论（魏守华，2002；赵海东、吴晓军，2006；夏若江等，2007）。

上述研究多是定性探讨了环境要素、集群能力等对新兴产业培育和发展的重要性，实证研究较为少见。

2.2.5 文献评述

从国内外文献回顾中可以看出：

首先，在研究概念的界定方面，存在不少对区域环境、产业集群创新能力或产业集群创新绩效进行界定或测量的文献，但出于研究视角的差异，学者们对于区域环境和产业集群创新能力的界定较为零乱；其次，对这些概念的定量测度没有一套相对一致和稳定的量表，这对于分析概念之间的关系带来了困难和分析结果的不准确性。

在概念之间关系的分析方面，国内外对区域环境与产业集群创新绩效之间的关系、区域环境和产业集群创新能力之间的关系、产业集群创新能力以及产业集群创新绩效之间的关系都有一定程度的研究，但是对三者之间关系的研究存在分歧的观点，正如徐彪等（2001）所分析的那样，有的观点是把区域环境视为自变量，也即是创新投入来分析其对创新绩效的影响；也有观点是将其视为调节变量，分析其对创新绩效的影响。而且类似这样三者之间关系的定量研究相对较少，部分定量研究分析的仅是产业集群创新能力的某一构成与区域环境或者创新绩效之间的关系，这对于我们判断产业集群创新绩效的差异并指出产业集群绩效提高的路径不具有太多的借鉴意义。特别是具体到本书所关注的新兴产业集群创新绩效差异的现象及原因,现有的文献关注较少,尤其是缺乏相关的定量研究。

2.3 本章小结

首先,本章对产业集群理论、能力理论和创新理论等相关理论进行了回顾,并发现集群理论和创新理论在发展方向上已经出现了交叉融合的趋势,比如对集群理论的研究开始关注集群的风险、退化和创新问题,而对创新的研究也开始越来越关注创新的网络趋势。因此对集群创新的相关研究可谓是综合了集群理论和创新理论的共同趋势,而对能力的相关理论研究则开始关注透过集群创新的现象,关注集群创新的本质内容。

其次,本章对新兴产业、区域环境、集群创新能力和集群创新绩效等概念的界定、构成和测度以及概念之间的关系进行了较为全面的文献回顾,通过本章的文献综述,总结出目前研究中的不足主要是:①对相关概念的界定以及进行测量的量表尚不成熟;②对区域环境、集群创新能力和创新绩效之间关系的判断不一致,并缺乏相应的定量研究;③对新兴产业集群创新能力和绩效的关注较少。

第3章 区域环境对新兴产业集群创新绩效影响机理的探索性案例

在文献综述的基础上,对若干新兴产业集群进行探索式的案例研究,研究过程遵循多案例研究方法的一般程序,并辅以扎根理论方法对质性数据进行编码及分析。案例研究结果针对区域环境构念进行扎根研究,并且得出了区域环境对新兴产业集群创新绩效影响机理的初始命题。

3.1 研究方法介绍

本章拟采用案例研究方法来研究区域环境、集群创新能力和新兴产业集群创新绩效之间的关系,案例研究方法是社会科学研究方法中重要的一种,旨在对现实情况中某个具体的、复杂的现象展开全面、深入的实地考察。罗伯特·殷将案例研究定义为:"在现象和背景的界限不清晰时,使用多种资料源调查现实世界中当前现象的一种实证研究的探究"[150]。本书选取案例研究方法,是因为案例研究适用于探究区域环境所包含的内部结构要素,实现区域环境概念的"构念化",并进一步构建区域环境与新兴产业集群创新绩效之间的因果机理研究模型。同时,针对区域环境与产业集群创新绩效这一复杂系统的互动机理,利用案例研究探究 How(怎么样)和 Why(为什么)

的问题要比 What（是什么）的问题更加合适。多案例研究框架的情境取向能够兼顾探索过程中的信息丰富性和研究结论的普遍适用性，让访谈收集的数据更为丰富和适用；而扎根理论研究工具的应用则有利于增加案例研究的规范性和研究信度。此外，为了在最大程度上保证质性数据处理过程的系统化，本书采用质性研究软件 NVIVO 9.0 来辅助完成数据的储存、编码、查询等研究内容。

本书在 2.2.2 部分对区域环境变量做了相关文献综述，发现和区域环境相关的研究虽然很多，但是其对区域环境内涵以及维度的理解能否针对新兴产业集群进行研究，还有待确认，这些环境对于集群创新绩效的作用机制也需要从集群实践中进一步求证和解释。因此，本书根据 Strauss 和 Corbin (1990)[151]的建议，尝试采用以扎根理论为核心的多案例研究方法，对多个集群案例的质性数据进行收集、整理和分析，以此探究区域环境所包含的内涵和结构，并进一步提出区域环境对新兴产业集群创新绩效影响机理的初始研究命题。

3.2 研究设计

3.2.1 理论背景和理论预设

根据文献综述的 2.2.4 部分，尤其是结合针对新兴产业的部分文献，本书认为，良好的区域环境是新兴产业集群创新行为发生的必要外部条件。区域环境不仅影响集群内部企业资源的可获得性，而且影响集群内部企业的意识、行为、结构和交互方式，进而影响到集群内新兴产业的创新绩效。如

Lundvall（1992）认为创新是一种交互过程，同时也是一种社会过程，它的成功演化需要一种网络环境，集群本身就是一种适合创新的网络环境[152]。Lagendijk（1997）认为创新根植于生产网络或者生产群落的制度环境内[153]。赵维双（2007）指出良好的区域金融资本、科技人员素质、政府政策、区域创新网络等环境因素能加速创新扩散的速度，并扩大创新扩散的规模，从而有利于新技术的商品化、市场化和产业化[154]。

此外，借鉴企业能力理论，企业绩效的差异关键在于企业能力的差异。而产业集群创新绩效的差异归根结底也在于集群创新能力的不同。考虑到能力的微观基础是企业占有异质性资产这一客观事实，再结合产业集群作为一个有机生产系统和企业网络的结构特征，可以认为集群创新能力是通过集群成员的创新活动积累起来的，这些创新活动主要体现在企业自身的创新投入和创新活动方面，也体现在企业之间以及企业与集群内相关支持机构之间和合作创新活动方面。在前文对集群创新绩效的界定中，我们认为集群创新绩效表现为集群内的多元主体在相互作用过程中取得的创新成果。从这个角度来看，集群创新能力是集群内成员创新活动的累积，集群创新绩效又是集群内成员相互作用过程中取得的创新成果，两者表现出明显的相关关系。在这方面也有一些学者已经进行过相关实证研究。如 Marceau（1999）的研究表明，通过集群内企业的交互作用可以有效地产生创新[155]，Baptista（2001）通过 1975~1982 年 248 家企业的数据，证明了集群通过知识溢出以及专业化实现创新，从而对区域整体创新绩效有明显促进[156]。集群内的知识溢出以及企业间的相互学习效应就是集群创新能力的一种体现。Love 和 Roper（2001）以英国、德国、爱尔兰三个国家的制造业厂商为研究对象，发现网络关联效果对创新绩效的影响显著超过区位效果，也即企业间交互作用对创新绩效的影响更为直接和显著[157]。这种交互作用也是我们所理解的集群创新能力的体现。这些实证研究都进一步证实了上面的分析，也即集群创新能力对创新绩效有着积极的影响。

综合以上分析来看，区域环境和产业集群创新能力均会对新兴产业集群创新绩效产生积极的影响，在前面章节有关文献的回顾中，我们也注意到集群创新能力和区域环境因素有着紧密的联系，甚至有部分学者认为区域环境是集群创新能力的重要构成。李习保（2005）在其对国内外文献综述的基础上认为国家创新系统和创新绩效的差别取决于各系统的创新能力，而后者由国家创新系统的基础设施，创新环境以及两者之间作用关系所决定。这种理解和王海山（1992）提出的技术创新动力机制的 EPNR 综合模型有着相似之处。王海山认为创新的动力来源于内源动力因素和外源动力因素。内源动力因素主要包括创新主体的创新意识、企业或创新机构对经济利益最大化的追求、形成并利用企业技术传统提高企业技术竞争力的内在要求等。外源动力因素主要包括技术发明的推动因素、社会需求的牵引因素以及刺激技术发明和社会需求的各种环境因素。他还认为外源动力因素只有诱导、唤起或转化成内源动力因素才能实现效能，而内源动力因素也只有借助于外部动力场作为自身的能量和有序之源，才能与外部社会环境产生有效的动力响应和循环，并一起推动创新的进程[158]。

借鉴上述观点，本书将区域环境作为影响集群创新绩效的外在因素和条件，而集群创新能力作为影响的内在因素，提出区域环境、集群创新能力和集群创新绩效之间相互关系的构思框架，也即以集群创新能力作为中介变量来解释区域环境对新兴产业集群创新绩效的作用机制。该研究框架将作为下文案例研究的基础，指导案例分析展开。

3.2.2 数据收集

数据收集的标准与研究对象以及研究要回答的问题有关。因此本书在样本选择的过程中主要是基于以下三个标准：①符合本书研究对象的要求；②符合典型性和普遍性的要求；③符合有利于调研的要求。

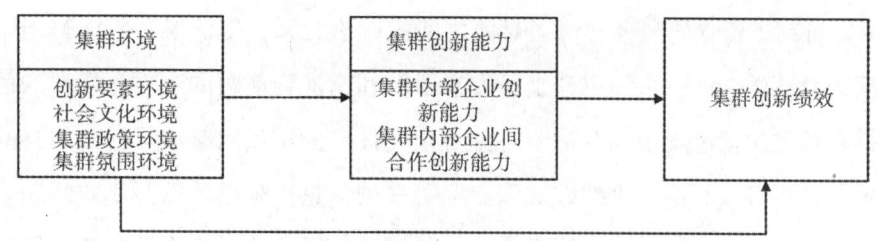

图 3.1　区域环境对集群创新绩效的理论预设

本书样本区域主要集中在江苏省范围之内。为了保证样本之间存在一定程度的差异性，研究者尽可能选择那些能够体现不同模式特征的集群。在对选定的集群进行内部企业抽样时，以分层目的性抽样的原则为指导，选取集群内大、中、小规模的企业，以及集群内的行业协会和相关的地方政府管理部门，以便能够获取反映集群整体情况的材料和数据。整体研究设计还采用了交互式的策略（Maxwell，2004），多个案抽样与个案内抽样都不是在研究开始时一次性设定的，而是一个随着研究进程的不断深入而寻找、发现、确定、修改和重新确定样本对象的滚动过程。

研究最终抽取的案例样本包括：A 生物医药产业集群、B 新兴信息产业集群、C 新能源产业集群和 D 新材料产业集群等四个地方产业集群。作为质性资料直接来源的个案内次级样本总共包括每个集群中的 3 家，共计 12 家企业以及相关地方政府机关人员。

表 3.1　产业集群的基本情况

集群名称	产品	从业人员（人）	规模以上企业（个）	产值（元）
A 生物医药产业集群	生物医药	2.1 万	90	105 亿
B 新兴信息产业集群	计算机软件	3.3 万	160	200 亿
C 新能源产业集群	太阳能、风能	2.9 万	170	180 亿
D 新材料产业集群	高新能材料	5.5 万	280	310 亿

本书采用现场访谈和问卷结合的方式收集第一手资料，因为访谈（interview）有利于建立研究者和访谈对象之间的融洽关系，使访谈对象能够坦诚地畅谈自己的想法，进而有利于研究者了解和捕捉到新颖的或更深层次的信息。在现场访谈过程中，在访谈对象对预先设定的访谈问题进行自由回答的基础上，还可以利用讨论的方式以获取更多的信息。采用了以开放式问题为主的半结构化访谈提纲（见附录Ⅰ），企业访谈问题主要包括企业的背景和基本情况、区域环境对企业创新的影响、企业对政府政策和行业协会支持作用的看法、企业的上下游与供应链关系、企业创新的驱动因素等。

在访谈人员的选定问题上，我们选择了从高层领导到中层干部再到基层员工，且多层次多部门的人员接受现场或者电话访谈，这是因为多层次、多样化的研究信息可以使案例研究基础更加坚实有效（Yin, 1989）。为了保证信息的真实性，每次访谈时我们都在取得访谈对象同意的情况下进行了录音，并且根据 Yin 的"24 小时规则"，在每次访谈结束后及时地将当天的访谈内容整理成文字资料。同时，我们还从公司网站、相关项目文件、数据库文献及其他互联网渠道收集二手资料以进一步充实案例写作资料。根据 Yin 的建议，本书采用了多数据来源的方法来保证研究效度，并且遵循了三角检验法原则。主要体现在以下3个方面：①我们向多个受访者对研究相关的问题进行询问，比照不同受访者对此问题回应态度的异同性；②将事后分析过程中收集的相关档案文本形成资料，与访谈收集的第一手数据作比较验证，以减少受访者主观意见带来的质性数据误差；③将案例初稿反馈给访谈对象，请其进行核实，并在此基础上加以修正和完善，从而确保所获得的资料的可靠性。

3.2.3 研究过程

本书的过程设计采用的是交互式策略，就是说在整个研究过程中，数据收集、数据分析、理论比较和结论归纳等环节不断地发生着相互作用。目前，在质性研究中,交互式策略还没有固定的一套标准研究流程可供遵循。但是多案例研究和扎根理论这两种具体质性研究方法却具有相对成熟的过程模式,所以本书以其相对成熟的过程模式为中心,归纳出了一些概括性的步骤。这些步骤并非绝对遵循先后的线性顺序。操作流程图如下:

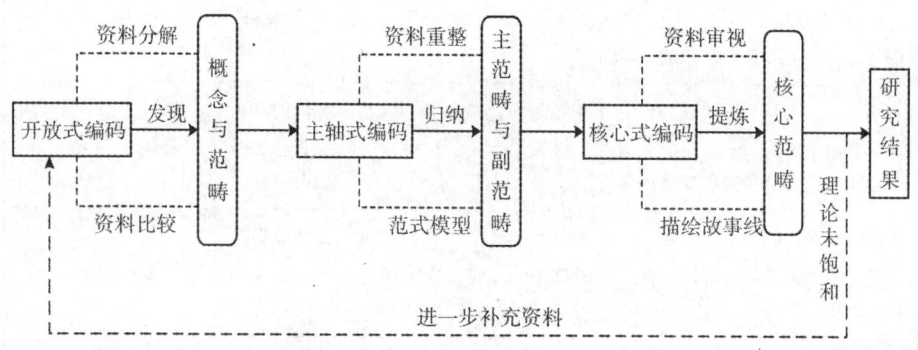

图 3.2 本书研究流程图

3.3 数据分析

第一步,采用开放式编码对访谈内容进行一级编码。首先对 4 个集群总共 8 万字的字稿作详细阅读并进行一级编码。采用贴标签的方式对文本赋予若干个语义标签,形成以受访者原话命名概念的初始范畴。而后在这些概念之间作进一步的比较,归纳整理后在 NVIVO 数据库中同时命名为相应的自由节点。表 3.2 是本研究中开放式编码的示例。

表 3.2　开放式编码示例

引用证据	自由节点
自己寻求资金,当时和美国的一个专家有个项目,当时是胡总通过熟人找到了一个私人投资商,这个投资商看中了这个项目,也看中了胡总是技术专家,所以就开始了合作。Hh 公司	金融资本
这些人来自海外,无论是在技术创新还是管理创新方面,我相信这些人才肯定都能发挥很重要的作用。但创新不是我们说的短期的马上就能见效,创新工作是需要经验积累的。Cb 公司	人才引进
有的引进来的核心人才到了公司水土不服,然后离开,这是一种情况;再然后有的空降兵,和公司契合较好,迸发出火花,在中层空降兵和高层空降兵中,第二种情况也就是说契合较好的情况比较多一些。Zx 公司	空降兵
通信行业跳槽非常有限。核心人才磨合在文化方面比较困难。人才多数是自己培养,人才流失率比较低。这些核心人才在公司发展中起到很重要的作用。Hw 公司	人才流动
企业做大了就比较缺乏管理技术,比如如何让创新的技术人才发挥更大的作用,展示他们的才能等。Zx 公司	内部管理
创新肯定是允许失败的。这个就是证真和证伪,一旦证明了是真的,就成功了。其实证明了是伪的,也是成功的。除非你什么都没能证明,那是没有价值的。Hw 公司	对待风险态度
通过这个中心建立好的对外的形象,通过美国的公司向外发货。此外,这个中心离一些高校科研机构比较近,方便获得最新动态信息。Yf 公司	企业与科研机构之间的互动
鼓励对企业有益的创新,公司奉行:小创新,大奖励。对于大创新,有自己的研发部。比如说做一些测试,用程序来代替人进行测试,提升效率,解放人力。Hh 公司	鼓励创新的态度
我们政府对这些早期风险投资在政策和税收上的支持不够优厚。对此,投资商和中小企业大家都有意见,政府包括总理的讲话最后只能够沦为口号,没有能够落在实处。Lx 公司	风险投资体系
这边的政府服务意识很强。最起码这边有这样的环境,就从我这块来看,政府给我们提供了面前摆着的很多条道路可以走,可以看到一些直接的效益。专门为我们服务,服务意识特别强。Bn 公司	政府服务意识

第3章 区域环境对新兴产业集群创新绩效影响机理的探索性案例

第二步，采用主轴式编码进行二级编码。该阶段的主要工作是发现和寻找初始范畴之间的逻辑关联。借鉴 Corbin 和 Strauss（1990）[159]等人的观点，本书把用于现象归纳的范式模型简化为"条件——行动——结果"的逻辑主线，据此来寻找若干个初始范畴之间的联系，其中条件是指某一现象发生的环境或情境，行动是指研究对象针对该环境或情境所作出的策略性或例行性反应，结果则是行动所带来的实际后果。例如，通过一级编码形成的"对待风险态度"、"企业互动"、"鼓励创新态度"、"创新理念"等初始范畴，可在范式模型下整合为"社会文化环境"。因此，这几个范畴被重新整合并纳入成为说明该主范畴的诸多副范畴。按照此思路不断进行探索直至初始范畴全部饱和，在此阶段最终82个初始范畴被重新整合为40个副范畴并归纳到7个主范畴当中，名称及示例参见表3.3。

表3.3 主轴式编码结果

副范畴	主范畴
1：金融资本（15），2：人才引进（12），3：人才流动（7），4：技术水平（11），5：激励方式（4），6：公平环境（5），7：竞争力薪酬（3），8：内部管理（9）	创新要素环境
1：对待风险态度（14），2：企业互动（11），3：鼓励创新态度（18），4：创新理念（9）	社会文化环境
1：公共服务平台（10），2：政策导向（23），3：风险投资体系（6），4：提供信息能力（7），5：非正式交流（8），6：服务意识（12），7：税收（6），8：优惠政策（18）	区域政策环境
1：产业集聚程度（17），2：企业之间信任（12），3：内部长期合作（11），4：互利共赢（9）	集群氛围环境
1：新产品产值（15），2：专利授权量（15），3：专利申请量（20），4：研发费用增加（24），5：引进新的技术（10），6：满足客户新的需求（17）	企业创新能力
1：企业关系密切（10），2：共同解决难题（8），3：相互融资（13），4：合作开发产品（11），5：拥有共同平台（15），6：集体学习能力（12），7：内部知识转化（11）	合作创新能力
1：市场占有率（13），2：获利能力（20），3：研发速度快（19）	集群创新绩效

第三步，核心式编码。首先对主轴式编码所得到主范畴的内涵和性质进行分析，可以得到构念之间逻辑关系的编码过程。随后，本书借用NVIVO软件中的"矩阵编码"工具对各个主范畴以及下属副范畴之间的编码关联进行查询，并以查询结果为重点通读了全部原始文本，以此将各级范畴置回个案情境并描绘出串联各主范畴之间的联系。具体关系如图3.3所示。

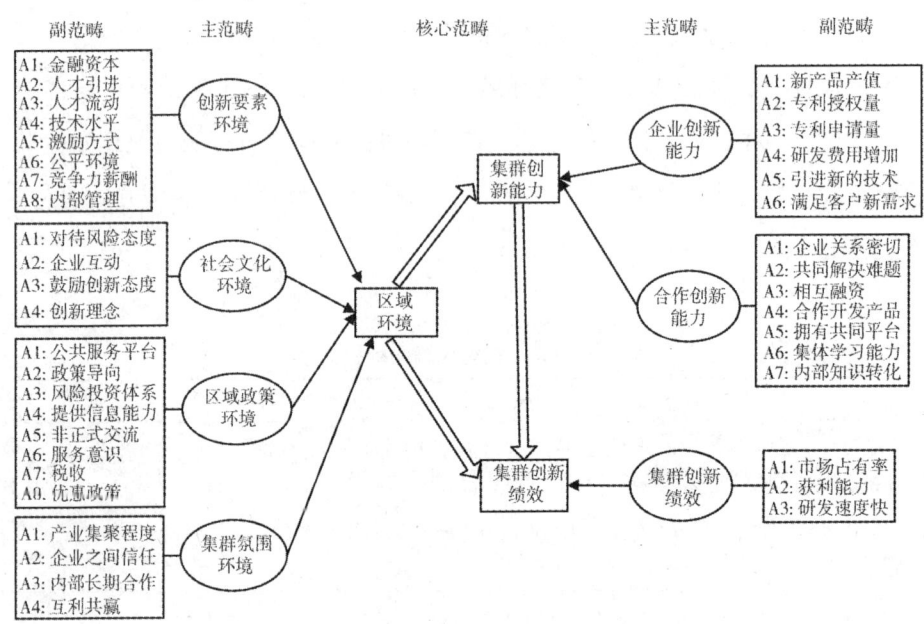

图3.3 构念之间逻辑关系图

主范畴创新要素环境指集群内部影响新兴产业集群创新能力的各种要素，其主要体现在集群内部企业及配套机构所具有的创新资源以及集群本身所提供的基础或配套设施上，主要包括技术、人力资本、资金及其他。技术包括集群内企业自身的技术水平及企业与其他企业、高校或科研机构合作的研究成果等。人力资本包括集群内企业拥有的高级人力资本以及集群内人才引进的配套等。资金包括集群内的投融资机构、企业自身的金融资本、融资渠道以及合作的金融机构等。其他包括影响集群企业创新相关的其他要素，如激励方式等。下属副范畴包括金融资本、人才引进、人才流动、技术水平、激励方式、公平环境、竞争力薪酬和内部管理等8个副范畴。

主范畴社会文化环境指集群内企业所处的与当地文化积淀有关的社会创新氛围。主要体现为集群区域内人们对待创业、创新的态度等。下属副范畴包括对待风险态度、企业互动、鼓励创新态度和创新理念等4个副范畴。

主范畴区域政策环境指集群内受地方政府行为直接影响并对集群发展产生重要调节和影响作用的政策因素，具体包括财税政策、金融政策、技术创新政策和人才政策等。集群政策可以使集群内部的资源得到最优化的配置，也可以使集群内部的各相关生产要素进行最合理的流动，从而全面提升整个集群的经济发展效率。下属副范畴包括公共服务平台、政策导向、风险投资体系、提供信息能力、非正式交流、服务意识、税收、优惠政策等8个副范畴。

主范畴集群氛围环境指集群内部集聚程度及内部企业间竞合的氛围。集群内企业间相互交流、相互信任、相互合作，形成互利共赢的友好合作局面，有利于集群的健康发展。下属副范畴包括产业集聚程度、企业之间信任、内部长期合作和互利共赢等4个副范畴。

主范畴企业创新能力指企业以追求企业利润最大化为目标，为了保持其竞争优势，重新配置企业内部及外部资源，推出新产品、新工艺，采用新的生产方式和管理模式，开辟新市场，获得新的原材料来源的过程，以及在此过程中，引发的组织、制度的变革。下属副范畴包括新产品产值、专利授权量、专利申请量、研发费用增加、引进新的技术和满足客户新的需求等6个副范畴。

主范畴合作创新能力指集群企业之间形成的合作创新关系，通常以合作伙伴的共同利益为基础，以资源共享或优势互补为前提，有明确的目标、期限和规则，最终达到共同发展与进步。下属副范畴包括企业关系密切、共同解决难题、相互融资、合作开发产品、拥有共同平台、集体学习能力和内部知识转化等 7 个副范畴。

主范畴集群创新绩效主要分为创新效率和创新效果两个方面。下属副范畴包括市场占有率、获利能力、研发速度快等 3 个副范畴。

3.4 研究发现和结论

在以上跨案例质性数据的编码与分析过程中，本书以循序渐进的方式捕捉到两类主要的理论发现：第一是对"区域环境"构念的开发与完善，第二是对"区域环境对集群创新绩效影响机理"的扎根结论。这些研究结果涌现自具体的数据结构，且与案例的实际情境密不可分，故需结合访谈文本的典型引用进行阐述。

3.4.1 区域环境构念的内涵和维度

通过对四个集群质性资料的分析，我们发现了区域环境的四个内部维度，按照其本质特征分别命名为创新要素环境、社会文化环境、区域政策环境、集群氛围环境；四个主范畴之下又分别包含若干种具体说明该维度的副范畴，它们是从具体质性资料中归纳得到的典型现象与事件，表征着与特定微观治理机制密切相关的条件、行为和结果。以下对区域环境四个内部维度的扎根内涵分别进行具体阐述。

（1）创新要素环境。在众创新要素中，对企业创新发展影响比较大的是资金、技术和人才，尤其体现在核心人才方面，目前很多企业都缺乏相应的核心技术人才，Bn 公司受访者表示："企业自身培养的核心人才远远满足不了业务的需求，抛开人才流失那方面，从总体上讲公司还是比较缺乏高技术的核心人才的。"而在科研项目资金方面,大多数企业都是依靠企业自身资金,较少数企业会与其他企业进行合作。Hw公司受访者说:"从公司的发展角度而言,不需要外部投资,都是公司总部根据产品线的预算和需求划拨。"Lx公司受访者说:"我们的产品研发这块资金主要由公司自己筹集,有一些比较特殊的项目,会向地方政府申请一部分科技项目经费,主要依靠公司自身的资金,外部投资和风投的都不怎么会考虑。"

(2)社会文化环境。经访谈发现,在集群内部企业之间的互动交流比较少,Bn公司受访者在对"你觉得集群区内企业之间交流合作频繁吗"的问题上作出如下回答:"我个人觉得不是太频繁。尤其是技术层面没什么交流,都是一些方案之类的,流程上的交流,而这些非技术层面的交流相对而言也是比较少的。"但大多数企业都积极鼓励内部创新,对创新失败风险都是比较宽容的,比如Hw受访者说:"创新肯定是允许失败的。这个就是证真和证伪,一旦证明了是真的,就是成功了。其实证明了是伪的,也是成功的。除非你什么都没能说明,那就是没有价值的。"Ys公司受访者回答:"失败很正常,有一些药物做不出来就是做不出来,理论上可能觉得行,但是在研发过程中难度相当大,有些时候是研发人员的能力不行,换人做可能就可以做出来了,还有些是研发的思路问题。"

(3)区域政策环境。结合访谈研究得出,近几年来,政府针对高新技术产业园等集群创新项目制定了一些新的税收,财政优惠政策对集群内企业还是带来了一些帮助。Ys公司受访者说:"创业家培养计划贴息贷款一千万,目前我们正在利用。我们公司正在成长阶段,一千万的帮助还是较大的。"Hw公司受访者说:"支持性政策的话,比如公司是营业税包括税收这块,是有一定百分比优惠的,公司现在有很多专利,等一两年后申报到了高技术企业的话,会有一些更好的优惠;另外是各种人才计划的基金,321计划,创新团队之类的。还有就是设备这块,我们和高新区合作成立了一家公司,高新区多占一些股份,为我们提供一些原料、机器、采购方面等,还有信息平台，帮助我们购买研发必需的数据库文件等。"但在中小企业上面可能扶持力度还不太够，一些中小企业并没有享受到很好的优惠政策。Lx 公司受访者说："没有太明显的支持性政策，我们更多的是依赖于国家项目或者课题。他们最多能够配套的就是房租方面的减免，但是专利补贴政策呢，没有太多的扶持。"

（4）集群氛围环境。根据访谈资料分析，对集群中的一些大型企业来说，集群氛围对其影响相对较小，而对于一些中小企业来说，影响相对较大，主要受到集群内龙头企业的影响。Hw 公司受访者说："我们公司有自己的生态系统，并不太依赖外部的环境。但是对于我们企业有密切业务往来的很多中小公司来说，他们是跟着我们跑的。"Zx 公司受访者说："一些小企业就是因为要和龙头企业配套，雨花区引进了几十家软件企业，带动了上下游几十家企业，有两家企业已经把总部搬迁到雨花区这边。"经分析得出在集群内部企业一旦形成合作，基本都是长期信任合作关系，Zx 公司受访者在"软件园内部企业之间的信任关系是怎样的"问题上有如下回答："双方肯定是比较信任的，而且是长期的合作关系，一般是在园区内部为主，往往是就近。而且企业间一旦形成合作，在较短时间内信任合作关系是不会出现太大的变动的。"图 3.4 是区域环境构念的总结。

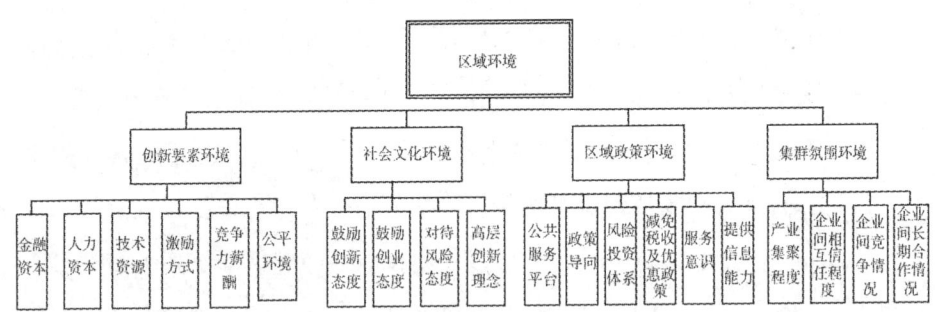

图 3.4　区域环境构念组成图

3.4.2 区域环境对新兴产业集群创新绩效的影响机理的分析

承接上文对区域环境现实维度的研究，我们接下来对"区域环境—集群创新能力—集群创新绩效"之间的因果关系链进行分析，其中对访谈文本的典型引用主要取材于 NVIVO 数据库中的"关系节点"和矩阵编码结果。

3.4.2.1 区域环境与集群创新绩效之间的关系

（1）创新要素环境与集群创新绩效的关系。结合访谈具体分析，主要从金融资本、人力资本、技术等创新要素对集群创新绩效的影响进行探讨。资金是企业生存发展的物质基础，并且技术创新是一项高投入、高风险、回报不确定的活动，无论是自主开发，还是技术引进，都需要雄厚的资金作为后盾。企业只有拥有雄厚的资本实力，研发项目才有可能更快速地进行，企业才有可能获得更高的盈利能力，从而提高市场占有率。技术资源是企业盈利不可或缺的手段，企业所拥有的生产设备和先进的工艺水平就决定了企业的生产效率与产出，影响盈利能力与发展能力进而影响企业的利润。如 Zx 公司受访者说："投入不够，关键是没钱。比如参加国家会议，参加各种展会，以及收集世界各地的专利，资金缺乏就无法保证。此外，到企业调研，和同行业的企业之间进行交流，可以产生各种创意，这没有资金也没法保证。"人力资本是企业成长发展的关键因素，企业的各项基础研究活动与生产技术活动都离不开高技术人才。企业人才所具有的知识、经验、能力以及态度可以提高企业的生产经营效率，减少损失，节约生产成本，降低各项费用，直接影响企业的绩效。根据上面的分析，本书提出以下命题：

命题 1-1：创新要素环境对集群创新绩效有积极影响

（2）社会文化环境和集群创新绩效的关系。本书主要具体从集群内企业之间相互交流的一种创新文化氛围和企业内部的人文环境及其公司中高层领导贯彻的创新理念这两个方面进行研究。技术创新很大程度上依赖于企业家的创新理念，企业家是否具有强烈的创新倾向直接决定了企业是否能成功实施技术创新活动。鼓励创新、尊重创新的良好的社会氛围会促进企业与其他企业和科研机构进行合作创新，这会在很大程度上提升企业的创新绩效。Lx公司受访者在"认为影响创新绩效的驱动因素是什么"的问题上回答："首先是看企业的定位，在我们公司研发很重要；然后就是企业文化，像一些留在公司比较长时间的员工就比较认同公司的文化，认同之后有个统一的认识和统一的思想，最重要的就是要有一个领路的人，我们领导他自己的创新能力就很强。"Ys公司受访者在"企业内部对待失败的态度是怎么样的"问题上回答："项目失败是很正常的，有一些药物做不出来就是做不出来，理论上可能觉得行，但是在研发过程中难度相当大，有些时候是研发人员的能力不行，换人做可能就可以做出来了，还有些是研发的思路问题。在考核方面的话，我们用个人绩效式考核，产生贡献的话会有额外的奖励，若没有贡献，也不会扣他们的钱。"根据上面的分析，本书提出以下命题：

命题1-2：社会文化环境对集群创新绩效有积极影响

（3）区域政策环境与集群创新绩效的关系。本书主要从财税政策、金融政策等着手来研究区域政策环境与集群创新绩效的关系。近年来企业获取风险投资成为企业降低创新风险，提高企业创新绩效的一种有效手段。Ys公司受访者在"外部引进风险资金对企业创新绩效有什么意义"的问题上回答："对创新方面的作用肯定是有的，但是更重要的是引进资金以后，能够扩大生产的基地，就是在高新区的那块地。以我们公司的研发平台为基地，解决放大生产，提高生产能力这块。现在我们研发能力没有什么问题，如果研发出来转化成生产，转化成功的话，效益的放大作用是很明显的。"Zx公司受访者说："行业下一个成长点可能都是由国家领导出来的，例如汽车下乡。只要有这样的政策出来的话，创新点就会有偏移。尤其像一些大公司的话，其研发都是跟着国家政策导向的。"Lx公司受访者在"政府提供的这些政策对于创新绩效方面有促进作用吗"的问题上如下回答:"还是有很大作用的,政府提供了税收减免,土地租金等优惠政策,还提供一些科技成果奖项,不仅在物质上面,还有在精神方面都是一种激励。我们企业从2000名左右员工发展到现在的1.2万人,仅仅用了10年的时间,这样的发展除了和公司的业绩有关,和政府的支持也有很大的关系。"根据上面的分析,本书提出以下命题:

命题1-3:区域政策环境对集群创新绩效有积极影响

(4) 集群氛围环境与集群创新绩效的关系。集群内各组织机构间信息的交流在一定程度上避免了创新行为在产业内的重复开发,在整体上降低了创新的成本,提高了知识的利用效率,但同时产业集群会产生拥挤效应和外部不经济。根据James M. Buchanan的俱乐部理论,在产业集群内部,超过一定的规模,企业的聚集就会引起生产要素价格的上涨,加大了企业创新活动的成本。同时,随着企业成员的增加,集群区域市场日益激烈的竞争只能带来较低的利润。结合访谈内容发现,产业集群内企业与集群外相关企业联系比较少,Zx公司受访者说:"与其他企业合作主要以园区内部企业为主,不然就在附近,反正离的不会太远,并且这部分合作关系在短时间内不会有太大的变化。"这在一定程度上会阻隔集群内企业接触集群外行业最新知识的机会,很可能会导致企业技术过时。根据上面的分析,本书提出以下命题:

命题1-4:集群氛围环境对集群创新绩效有倒U影响

3.4.2.2 区域环境对集群创新能力的影响

1. 创新要素环境对集群创新能力的影响

根据前面的分析,集群创新能力主要体现在集群内企业自身创新能力以及企业合作创新能力方面。考虑到访谈主要针对的是集群内部的企业,因此下面主要从金融资本、人力资本、技术资源等创新要素对企业创新能力的影响来探讨创新要素环境对集群创新能力的影响。

（1）金融资本与集群创新能力关系。企业技术创新周期长，从研发到产业化到最终推向市场，每一步都需要投入大量资金，而且往往创新风险较高，而大部分企业风险承受能力较差。因此，充足的创新资金就成为了企业创新投入和创新活动的重要保障。Cb 公司受访者说："目前公司在发展的早期，很难拿到资金，因为国内的融资体系还不够完善，尽管国家已经做了很多努力，但是对于早期风险较大的投资，南京比较少见。而硅谷的发展跟它的投资体系密不可分，它最成功的就是它的融资体系，包括早期的天使资金等。"国外许多高新技术企业创新活动主要是依托风险投资和资本市场的，风险投资是解决创业型企业和中小型科技企业融资问题的有效途径。但是国内企业在引进外部资金的时候是比较谨慎的，如 Lx 公司受访者说："如果做很大的项目，即使有外部资金支持，我们也不一定能够接受他们的要求的控制。此外我们做的项目一般也不会太大，大多选择自己力所能及的，不需要外部资金的帮助。"

（2）人力资本与集群创新能力关系。创新型人才是社会发展、科技进步的重要资源。对于具有持久创新能力的企业来说，其成功经营的附加价值大部分是来源于企业的研究创新成果和企业在创新过程中逐步形成的核心竞争能力，这些都是由人力资本创造的。因此集群范围内企业所拥有的人力资本数量和质量就成为了改善集群创新能力的关键因素，也正因为此，核心人才的引进及如何让这些核心人才在创新中发挥作用也成为很多企业关注的热点问题。Bn 公司受访者说："早期主要是公司内部培养较多，但是最近两年，从外部高薪聘请的较多，还会招聘一部分海外留学人员，但创新不是我们说的短期的马上就能见效，创新工作是需要经验积累的，有的引进来的核心人才到了公司水土不服，然后离开，这是一种情况；再然后有的空降兵，和公司契合较好，迸发出火花。在中层空降兵和高层空降兵中，第二种情况也就是说契合较好的情况比较多一些。"在访谈中发现一些企业为了留住核心人才也是制定了一系列的留人政策，如 Hw 受访者说："人性化的管理方式。员工有合理的要求可以提,员工关怀这块做得很好,另外有完善的制度处理员工的沟通问题,其次就是公平的员工制度。员工发展得好坏就看你业绩如何,不看你出身,也不看你和领导的关系之类的。当然,公司还提供了很有吸引力的薪酬。"

(3)技术资源与集群创新能力关系。技术资源对于企业获得和保持竞争优势具有重要作用。在技术环境变化较快时,集群范围内行业龙头企业内部的技术资源比较充足,能够跟得上企业及其行业发展的步伐,如 Hw 公司受访者说:"本公司在全球也算是技术领先的公司,公司在传统领域中,技术资源以公司自身的研发和创新为主,而且技术资源是比较充足的。但在新领域中,公司还是强调要引进全球资源。"但对一些中小企业而言,技术资源还是主要依赖于集群范围内所能提供的公共技术平台等技术资源。如 Cb 公司受访者说:"技术平台主要有仪器的要求之类的,生物技术这块一台科研仪器就是上百万上千万,如果有的话,提高还是很快的。园区的技术平台配备情况,因为生物技术企业相对比较零散,配备的不是很全面。现在开始做信息平台,提供场地和动物房的支持还是不错的。"Ys 公司受访者说:"我们和生物医药谷合作了两个平台,一个是采购平台,另一个是信息平台。这两个平台都是以我们公司为主……杨博希望全世界研发到什么程度,他都要了解到,要紧跟上行业变化的需要。"根据上面的分析,本书提出以下命题:

命题 2-1:创新要素环境对集群创新能力有积极影响

2. 社会文化环境对集群创新能力的影响

下面主要从集群范围内人们,尤其是企业家对待创业、创新的态度和理念等方面进行研究。Lx 公司受访者说:"我们公司一些比较大的创新项目,基本上是由公司上层领导先确定创新的大方向及思路,然后才下发安排到研发部门这边。"企业家创新意识的强烈程度很大程度上决定了企业研发阶段的成败,具备强烈创新意识的企业家深知研发创新的重要性,从而花费很大精力和资金投入来支持研发部门的工作,并且企业家深知研发面临着一定的风险,并不是所有的研发都会有很好的结果,所以对创新失败都抱有十分宽容的态度。如 Cb 公司受访者说:"研发和经营的失败很正常,就连美国硅谷的企业成功率相对也不高,我们领导对下面的失败也是比较宽容的,可能多方面的原因导致了研发的失败,如人员管理,资源设备等,并不会把所有的过错归咎到某个员工身上,所以公司员工的思想负担也不会太重,更有利于他们做创新尝试。"大多数企业都比较鼓励对企业有益的创新,如 Zx 公司受访者说:"我们公司奉行:小创新,大奖励的理念,对于大创新,有自己的研发部。比如说做一些测试,用程序来代替人进行测试,提升效率,解放人力等。"根据上面的分析,本书提出以下命题:

命题 2-2:社会文化环境对集群创新能力有积极影响

3. 区域政策环境对集群创新能力的影响

下面主要从集群范围内财税优惠政策、金融政策和科技创新政策等来探讨集群政策对集群创新能力的影响。

(1) 财税优惠政策与集群创新能力关系。企业创新活动需要政府的引导,需要政府来帮助企业消除一些体制性障碍,需要政府利用财税相关政策激励,包括企业制度、专利申请制度等,营造有利于提高企业创新能力的环境,来更好地引导和激发企业的创新活动。目前政府对企业的科技投入主要有两种形式:一方面,政府在一些大型科研项目上给企业补贴一定的科研经费,给企业解决一部分资金问题;另一方面,政府通过减税让利等各种优惠政策,将本应该上缴财政的部分资金留给企业,鼓励企业加速技术进步和新产品开发。如 Cb 公司受访者说:"当时高新区留创园给了我们很多的优惠政策,像房租这块,就给我们公司减免了很多。有时候在工作时碰到需要配合的地方,他们也帮着解决很多问题。再比如说税收这块,对于个人所得税的优惠以及购车、购房等的退税之类的。"Lx 公司受访者在"企业的创新活动政府有哪些支持性政策"问题上回答:"有一些资金扶持,还有宣传报道等。

资金扶持就是，比如我们申报一些科技项目，还有就是一些宣传报道，让更多的人知道我们的公司、我们的产品。因为现在国家也在倡导环保，水处理这块，政府做一些宣传吧。"

（2）金融政策与集群创新能力关系。政府建立风险投资体系，引导各类金融投资机构进入集群内部，对于集群企业创新能力的提高具有重要作用。Cb公司受访者说："最重要的是中国的政府部门没有把中小投资者放到一个重要的位置。政府股票市场强调融资额，规模，没有能够保护到中小投资者的利益，没有激励中小投资者参与其中，没有起到资本市场的作用，不规范，使我们一些小企业难以受到股民的信任，难以筹集资金。"

（3）科技创新政策与集群创新能力关系。集群范围内的科技创新政策主要包括鼓励企业和各类研发机构联合申报各类科研项目；引导企业建立企业研究院、博士后工作站等各类研发机构以及鼓励企业进行高新技术企业认定等。这些科技政策对集群范围内企业提升创新能力具有巨大的促进作用。Cb公司受访者说："我们公司有个研究院，当时是在政府资金支持下建立的，当然我们也投入了一些，现在看来产生了不错的效果。"Lx公司受访者说："我们公司和××高校联合申报了一个重大成果转化基金项目，当时就拿到了一千万，这个力度还是很大的。据我所知，我们园区内有五六家企业都拿到了类似这样的项目。"

根据上面的分析，本书提出以下命题：

命题2-3：区域政策环境对集群创新能力有积极影响

4. 集群氛围环境对集群创新能力的影响

集群氛围主要指集群内企业集聚程度及企业间的竞合氛围，根据访谈情况，下面将分别从企业创新能力和合作创新能力两方面讨论集群氛围环境对集群创新能力的影响。

（1）集群氛围环境与企业创新能力的关系。在访谈时，我们发现集群内企业对集群氛围环境的看法有下面两种不太一致的观点。Zx公司受访者说：

"因为我们是这个园区里的龙头企业，当时为了给我们做配套，园区引进了十几家软件企业，又带动了上下游几十家企业，而且有两家企业已经把总部搬迁到我们这边了，对我们企业来说，和这些上下游企业之间交流更方便了，也节约了很多成本，我们企业也能够从他们身上学到一些我们不具备的技能，应该说还是很有帮助的"；Bn 公司受访者说："这里和我们规模相类似的企业还是很多的，大家做的产品和服务也差不多，竞争很激烈，而且经常是某家企业刚推出一个新产品，很快其他企业也都有类似的产品出现，价格竞争非常激烈，这也多少影响到我们创新投入的积极性。"故得出以下命题：

命题 2-4a：集群氛围环境对企业创新能力有倒 U 影响

（2）集群氛围环境与合作创新能力的关系。良好的集群氛围环境可以促进企业间的合作与交流及企业合作伙伴间的优势互补、促进企业间知识的流动、获得企业范围以外的技术专长，从而相互分担研究开发成本，相互分散风险，最终获得研究与开发的优势。近些年，集群之间企业合作项目也越来越频繁，并且对企业创新能力确实有很大的帮助。如 Hw 公司受访者在"公司和合作企业之间的关系如何"的问题上如下回答："关系当然是不错的，公司要对合作的外包公司进行相关技能培训以及进行组织或管理方面的嫁接等，公司内部有外包管理部门专门负责公司和外包公司之间的合作和联系。其实外包员工也有许多值得学习的地方，可以有效地补充本公司的需要。"经分析得出，在集群内部企业一旦形成合作，基本都是长期信任合作关系。如 Zx 公司受访者说："双方肯定是比较信任的，而且是长期的合作关系，一般是在园区内部为主，往往是就近。而且企业间一旦形成合作，在较短时间内信任合作关系是不会出现太大的变动的。"结合以上分析，故得出以下命题：

命题 2-4b：集群氛围环境对合作创新能力有积极影响

3.4.2.3 集群创新能力与集群创新绩效之间的关系

（1）企业创新能力与集群创新绩效的关系。集群内企业创新投入的增加以及各类创新活动的实施，能有效改善集群内企业创新绩效，并进而影响到集群创新绩效。Cb 公司受访者说："我们的研发要面向市场的研发，市场如果有这些产品的需要，我们就要专门收集这些信息，并且会切实用到产品开发中去。比如诱导干细胞的研究者获得了诺贝尔经济学奖，我们就立马跟进相关技术，研究提供干细胞研究的一些重要指标的产品，若在开发过程中获取了创造性突破，公司会立马申请相关技术专利。"再如 Zx 公司受访者说："在科研上面，不管是日常研发还是专利设计，公司花很大的精力，物力，投入很大。去年获得两金两优，专利申请机制世界排名第一。"结合以上分析，故得出以下命题：

命题 3-1：企业创新能力对集群创新绩效有积极影响

（2）合作创新能力与集群创新绩效的关系。企业间合作创新可以让拥有不同稀缺资源的企业基于共同利益，形成资源组合优势，以提高各自的创新绩效。Cb 公司受访者说："我们公司在国外销售，开始起步比较慢，但在马里兰成立中心之后，开始和西格玛、默克之类的大公司建立合作关系，拉动了销售业务的成长，开拓了国际市场。此外就是一些跨国合作项目，对我们的技术和竞争力方面都有较大的提升。"Bn 公司受访者说："在区域内企业之间进行的实质性的交流还是比较多的，软件园会组织一些企业之间的高层或者技术人员进行交流，如会有一些培训（企业管理、知识产权、项目申报、后勤娱乐），很完善的。对于我们企业来说，确实有直接的帮助。"结合访谈分析发现，目前国内多数企业与高校科研单位间的互动交流相对而言还较少，如 Ys 公司受访者说："我们公司和国外的某些科研机构合作还比较少，就靠自己研究开发，主要做他们的代理商；和高校之间，也没有很大很正式的科研合作，主要就是给学生提供一些实习机会等方面，这对我们的创新来说，还是不太有利的。"结合以上分析，得出以下命题：

命题 3-2：合作创新能力对集群创新绩效有积极影响

3.5 本章小结

本章对若干产业集群进行探索式的案例研究，研究过程遵循多案例研究方法的一般程序，并辅以扎根理论方法对质性数据进行编码及分析。研究发现了区域环境的四个内部维度，按照其本质特征分别命名为创新要素环境、社会文化环境、区域政策环境、集群氛围环境；四个主范畴之下又分别包含若干种具体说明该维度的副范畴。此外本书还提出了区域环境对集群创新绩效影响的初始假设命题。

这些初始假设命题是对区域环境如何作用于集群创新绩效作用机制的具体深化，也是下一章提出研究假设与概念模型的重要基础。但鉴于研究问题的复杂性以及研究结论的有效性，在下一章中将对这些假设命题进一步展开文献论证。

第4章 概念模型和研究假设

通过第3章探索性案例分析，本书提出了区域环境对集群创新绩效作用机制的11个初始命题，初步得出区域环境作用于新兴产业集群创新绩效的两条路径：直接影响和通过集群创新能力间接作用于集群创新绩效。下面，本章将针对这些命题，结合已有相关研究进行更深层次的理论探讨，提出区域环境对新兴产业集群创新绩效作用机制的细化假设和概念模型。

4.1 区域环境与集群创新绩效的关系

4.1.1 创新要素环境和集群创新绩效

迈克尔·波特提出的钻石模型将生产要素作为影响产业集群竞争力的重要因素。其认为生产要素可以分为初级生产要素和高级生产要素两种形式，其中高级生产要素是指基础设施、高级人才、研究机构等，相对初级生产要素而言，它们对于提高集群竞争力具有不容置疑的重要性[11]。结合第3章对新兴产业集群的案例研究发现，就新兴产业而言，其发展更多的是依赖高级生产要素，而不是天然资源或地理位置等低级生产要素，因此本书所提出的创新要素环境就是基于迈克尔·波特对于高级生产要素的界定，意指集群区域内的高级人力资源、金融资本以及技术资源等高级要素所形成的环境。

尽管科技进步刺激了新知识的快速产生、扩散和应用，促进了创新资源的流动，但是经济发展的地方化特征依然十分显著，尤其是创新性资源以及高密度的创新活动仍集中于少数区域，并且因为创新要素累积的"滚雪球效应"，更是使得这些区域成为创新的中心地带[160]。而且往往因为创新要素的集中，也进一步加强了区域对于创新要素资源的粘度，以进一步吸引和留住资源。这些创新资源分布最集中的区域，往往也是创新能力最强、生产率最高的区域。

Cooper 和 Kleinschmidt（1995）以及 Bramwell（2005）等的研究表明，金融资本的充足供应对于集群创新绩效有显著的积极影响。对于新兴产业而言，因其处在产业生命周期的早期阶段，企业数量较少且企业规模较小，其有效发展依赖于创业企业的数量以及质量。而且从笔者对新兴产业调研中所了解的现实情况来看，高科技企业的创业者多数是仅拥有技术，其创业阶段往往需要争取充足风险资本的注入。如无锡尚能 2000 年设立时，正是在无锡市风险投资公司、小天鹅集团、山禾制药等多家公司联合投资的支持下才顺利创办。产业集群内金融资本要素的充足供应能够有效地满足区域内新兴产业企业创业创新的需要，并且有利于新兴技术的产业化，从而进一步正向影响到集群创新绩效。

在舒尔茨最早提出人力资本的概念之后，罗默（1986）、卢卡斯（1988）等学者就肯定了人力资本对经济增长的贡献，并认为人力资本的生产比物质资本的生产更加重要。Hill 和 Brennan（2000）、Brenner 和 Weigelt（2001）等的研究则表明：一个区域内集聚的大量人才资源有利于增强集群内企业（尤其是以技术为主导的企业）的衍生和生存概率。Baumol（1986）[161]、Barro（1991）[162]认为，只有拥有丰富人力资源的地区才能通过对技术的有效应用而促进区域创新。前面在文献综述中也提到过 Storper（1995）等的观点，同样认为人力资源是影响产业集群创新的最重要的无形资产。因此人力资源对创新绩效的显著作用已成为学者的共识。

由于新兴产业集群的创新所涉及技术的高度复杂性以及技术的快速变化性，集群技术的获取和转移途径是影响集群创新绩效的主要因素。Halman 等（2001）、Bengtsson（2004）的研究认为，当产业集群创新遇到技术问题时，是否有数据库提供解决问题的能力是影响产业集群创新绩效的重要因素。Pietrobelli 和 Samper（1997）等的研究则认为，在集群创新过程中，技术是否会快速变化是影响产业集群创新绩效的一个重要因素。结合新兴产业的特点，因其技术本身以及发展方向的不确定性，技术资源的充足与否更是影响新兴产业集群绩效的一个重要条件。

基于以上的分析，本书假设，诸如由金融资本、人力资本、技术资源等所形成的创新要素环境越好，集群创新绩效就越高。

假设1-1：创新要素环境对集群创新绩效有积极影响

4.1.2 社会文化环境和集群创新绩效

对区域经济的研究表明，经济、地理与其他因素相互依存，区域经济发展的状况和路径是一组综合因素所影响的，因此，对于区域经济的研究也越来越多地深入了社会文化因素，也被学者们称为一种"文化转向"。而从区域经济发展的现实来看，集群中经济主体的活动及其绩效无所不在地受到弥漫在整个集群内的社会文化气氛的影响。很多学者在对硅谷现象的研究中就指出，冒险和不断进取是硅谷内的一种创业文化，硅谷内散播着浓厚的创业氛围，"拥有自己的公司"是大多数人的梦想。许许多多中小企业的诞生就是受到这种气氛的影响，他们总是从总公司或大学里分离出来，与以前的同事仍保持着密切的联系，彼此经常互相交流，硅谷内的创业创新精神使硅谷的企业数量总是在不断变化之中。硅谷的人们由于受到这种创业创新文化的熏陶，对待失败都比较冷静，采取宽容和积极帮助的态度与做法，因此很多有志之士都愿意到硅谷这片创业的沃土上追求自己的梦想。

集群内的社会文化环境特征对于集群创新绩效的影响表现在几个方面，首先社会文化作为一个社会或群体特有的价值观，会在潜移默化中影响集群内企业的思维方式。著名的经济学家 Amartya Sen 曾指出"每个人都不可能脱离社会的约束来进行自己的选择"、"相同或相近的文化背景可以促进人们达到互相信任从而进行有效合作"[163]；社会文化是集群创新行为和活动的保障。Massey（1984）强调区域内社会文化因素在决定产业布局中的作用，认为产业投资的区位选择取决于区域社会经济条件[164]。Capello（1999）、Weber 和 Camerer（2003）曾经指出本地创新文化和本地集群企业的创新行动具有某种互动反馈关系。还有一些学者将区域社会文化背景视为成功创新的关键。王缉慈（2004）也曾以浙江的集群发展为例，指出社会文化可被视为一种社会资本，对主体的行为有着不可忽视的影响[165]。结合新兴产业的特点，本书认为类似硅谷所拥有的这种鼓励创新创业、对失败保持宽容等的社会文化将有助于新兴产业集群创新绩效的提高。

假设1-2：社会文化环境对集群创新绩效有积极影响

4.1.3 区域政策环境和集群创新绩效

无论在西方国家，还是我国，集群区域政策环境均被视为影响集群竞争力或者绩效的一个重要因素。如在波特的钻石模型中就提及政府的重要作用，认为政府政策是影响集群竞争力的重要变数。集群区域政策环境可能会影响集群创新的速度、模式、方向等。Ash Amin（1998）提出用"制度厚度"来衡量区域内支持创新的制度的质量和结构，制度厚度与创新支持力度成正比，这种"制度"类似于本书所提到的政策因素[166]。Altenburg 和 Meyer - Stamer（1999）[167]、Molina - Morales 和 Martmez - Fernandez（2004）[168]认为，虽然在市场经济条件下，政府不可能使用简单的行政命令手段来配置要素资源，但是政府应该关注这些可能或已经影响到本地企业集群发展的瓶颈问题，并根据本地的实际状况，提出合理的政策来引导和梳理此中的矛盾。OECD学者的研究表明，如果一个国家或地区能比其他地区提供更好的政策框架环境，该国家或地区的竞争力必然会提高，也就是说政策环境是国家或区域竞争优势的重要来源[168]。还有些学者将政策因素作为构成区域"粘性"的成分，区域内的政策条件越有利于创新和发展，区域的粘性也就越大。从现实的实践来看，许多国家和地区也将促进区域创新和集群建设的政策作为提高竞争力的重要途径。如德国1995年由政府资助建立生物技术集群，以提高德国生物技术的商业化水平，并在慕尼黑、科隆——杜塞尔多夫、巴登——符腾堡的海德堡等地获得成功。在英国，从1998年起政府就制定了相关产业政策，通过促进集群形成来推动创新。无论是理论分析还是实践检验，都证明了区域政策环境对于集群绩效的正向影响。鉴于我国长期以来政府在经济发展中的重要地位和作用，针对中国产业集群进行研究的学者则更是把政策环境作为影响集群绩效的一个重要因素。朱华晟和盖文启（2001）认为，诸如政策环境建设、创新网络培育等制度因素在成功的产业集群发展过程中起到了积极的促进作用[169]。魏守华（2002）[170]、符正平（2002）[171]、毛凯军（2004）[172]、邱海雄和徐建牛（2004）[173]等认为，政策环境建设的重点在于建立一种机制，进而维护、刺激和鼓励集群创新行为，以提高集群协同创新的效率。但是对于一些无法依靠集群企业自身来解决的问题，则应该采用强有力的干预行为。

对于新兴产业集群而言，发展所需要的集群区域政策环境主要包含三个方面。一是政府对于市场的维护状况；二是政府提供的指导状况，如信息供给、公共服务平台建设、劳动力培训等；三是政府提供的支持政策等。从学者以往的研究来看，上述三个方面对集群创新绩效均有着积极的促进作用。

假设1-3：区域政策环境对集群创新绩效有积极影响

4.1.4 集群氛围环境和集群创新绩效

集群本身就是企业发展的特殊环境。集群所形成的企业在地理位置上的接近、企业之间的信任关系，以及因为关系嵌入性而带来的竞争与合作共存的竞合氛围等均是吸引企业加入以及影响产业集群创新绩效的重要因素，也是本书对集群氛围环境的诠释。

良性的集群氛围环境能够有效降低交易费用和协调成本，增加交易机会。福山曾指出社会成员之间的信任直接会影响甚至决定经济效率。Mayer 和 Schoorman（1995）等认为，信任能使集群企业建立持久的关系[174]。学者对企业间信任关系的研究也进一步扩展到了企业间社会资本的研究问题，并强调了社会资本在区域创新过程中的重要作用，通常认为集群区域内信任基础越牢固，合作能力就越强，从而对区域内创新活动的支持就越有利。由此可见集群所形成的企业之间信任与合作关系等在一定程度上对集群创新绩效有着积极的影响，这点已经得到了诸多学者的认同。如张惠琴、邵云飞等（2011）通过对产业集群的实证研究发现集群内企业的竞合关系都有利于创新绩效的提高，而且合作的影响程度更为明显[175]。但是同时应该看到的一个现实是，随着集群自身的发展，集群内企业之间基于信任的合作关系可能处于一种僵化状态，也就是部分学者所提到的过度的关系嵌入。首先，这种集群氛围可能会使企业表现出更多的组织惰性和模仿行为，从而对集群创新绩效造成负面影响。比如企业之间合作关系的稳定，会生成对外来者的排斥和防卫张力，表现为集群内企业习惯性地在集群内部寻找合作伙伴而放弃更优越的外部知识资源。其次，随着集群形成时间的增加，也会使得集群内部的企业在方方面面日渐趋同而压制了标新立异者的出现，这也不利于集群内企业的创新。最后，由于集群内部企业之间的信任与合作关系到了某种程度，企业之间担心创新的溢出，这也可能会压制集群内企业的主动创新，并进一步导致集群创新绩效的下降。除此之外集群内部企业之间的竞争关系可能也会随着集群内企业数目的增长、企业间技术或产品的趋同,从而由集群早期企业之间的良性竞争发展到一种不良竞争的态势。杨皎平、李庆满等对竞合环境和集群创新绩效的实证研究也表明了这种竞合会对集群创新绩效产生一种倒 U 型的非线性关系[176]。尽管从演化的观点来看,由于集群内企业群出于利益最大化的角度,会做出探索性行为或战略行为来调整之间的竞争与合作关系,从而会使长期的均衡达到一种稳定的状态。但是,结合前面的分析,单从某一个时点来看,集群所形成的企业之间竞争与合作的氛围会对集群创新绩效产生倒 U 影响。基于上述分析提出如下假设:

假设 1-4:集群氛围环境对集群创新绩效有倒 U 影响

4.2 集群创新能力的中介作用

上节对区域环境与产业集群创新绩效之间的关系进行了假设,认为区域环境的关键构成诸如创新要素环境、社会文化环境、区域政策环境对产业集群绩效有着积极影响,而集群氛围环境则对集群创新绩效有着倒 U 影响。接下来本书借鉴能力理论的相关观点,引入了集群创新能力这一概念,继续对区域环境与产业集群创新绩效之间关系的传导机制进行研究。具体地说,本书认为区域环境对产业集群创新绩效的影响,主要是通过集群创新能力来实现的。根据温忠麟、侯杰泰和张雷(2005),在变量关系中,如果 X 通过影响 M 来影响 Y,则称 M 为中介变量。对中介变量的分析可以通过图 4.1 的三个回归分析来进行。下面就从三个方面对集群创新能力的中介作用进行理论阐述及假设,以得到三个分假设。

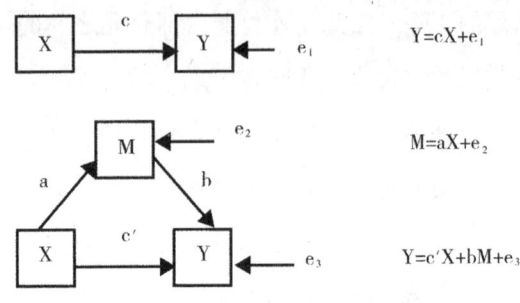

图 4.1 中介效应示意图

4.2.1 区域环境和集群创新能力

下面将结合无锡物联网产业集群的发展，讨论区域环境和集群创新能力之间的关系。2009 年 8 月，时任总理温家宝在江苏考察时指出，要积极创造条件，在进入微纳传感领域较早的无锡市建立中国的传感网中心，抢占传感网技术和产业制高点。江苏省、中科院与无锡市积极落实温总理的指示精神，在已有合作的基础上，加强沟通对接，决定三方共建中国物联网研究发展中心。2009 年 11 月，该中心以及相关一批物联网重大创新项目、重大平台项目落户无锡高新区。此后，中国电信集团与无锡市政府签署合作框架协议，中国电信物联网应用和推广中心、物联网技术重点实验室落户无锡国家软件园。2010 年 1 月，无锡物联网产业研究院揭牌，其以"无锡物联网技术、产业体系、产业架构、产业链的总体设计者"为首要定位，对无锡物联网产业进行顶层设计，并牵头联合无锡市相关高校、研究机构、企业等单位，形成物联网技术产业联盟，打通产业价值链，为无锡物联网产业决策提供依据。2010 年 2 月，中国（无锡）传感网大学科技园在无锡高新区挂牌成立。之后的半年时间内，无锡高新区迅速开展和国内外知名大专院校、科研院所的对接推进工作，集聚了东南大学传感网络技术研究中心等数个与传感网产业密切关联的产学研合作体，以及 30 多家创新型科技企业入驻。目前，无锡物联网产业集群已引进科技领军人才103人，科技创新人才累计超1000人，在建和已建的投资基金机构有15个，基金总规模达157亿元。从无到有，从有到强，无锡的物联网产业集群因为集聚了一批尖端人才、科研机构、金融资本等创新要素，也吸引了众多的物联网企业纷纷而至，目前已有259家物联网企业落户无锡，在过去的一年内，实现全年销售收入365.2亿元，可谓是中国技术实力最强、经济效益最明显的产业集聚区。从无锡高新区物联网产业集群的发展来看，区域环境比如政府的介入、高级资源的状况等对集群创新能力的作用不容忽视。另外从文献综述的2.2.4也可见很多学者均认可区域环境对集群创新能力的积极影响。

下面将进一步从区域环境的重要构成创新要素环境、社会文化环境、区域政策环境和集群氛围环境出发，分别探讨它们和企业创新能力与合作创新能力之间的关系，并提出相关假设。

1. 创新要素环境和集群创新能力

如上所述，本书所指的创新要素环境主要是由集群区域内的人力资本、金融资本以及技术资源等高级要素所形成的环境。集群创新能力则主要反映在企业自身的创新能力（创新意识、创新投入和创新活动）以及企业间的合作创新能力（合作创新意识和合作创新活动）方面。根据能力的资源基础观，企业能力的形成及强弱建立在其占有异质性资源的基础之上。集群区域的创新要素自然也是集群创新能力形成的重要基础。

从人力资本要素来看，首先，他们往往具备较强的创新能力，这使其在从事与发明、创造等有关的活动时能积极寻求解决生产过程中所出现问题的思路和方法，从而能在劳动力总量投入不变的情况下增加产出。其次，他们具有较高的知识吸收能力，这就能使其有效地接受新工艺、新操作方法，适用新技术、新设备，并能将发明和引进的新技术尽快地和生产相结合，转化为生产力，从而增加产出。再次，他们常具有较强的工作技能，其在工作中积累了大量的专业知识和经验，从而使其在工作中表现出了较强的创新能力。

因此，集中高级人力资本要素的区域环境，使得集群获得高素质的人力资本更加便利，从而有利于增强企业的创新能力。最后，这些高层次人才之间的交流和联系也会表现出更为理想的效果，表现出较强的网络合作创新能力。就是说，人力资本会正向影响集群创新能力。

从技术要素来看，对于新兴产业而言，区域内的技术供给不仅使企业能有更多的机会接触到行业的前沿技术，保持一种对领先技术的敏感性；同时还有利于及时解决企业发展中碰到的技术问题，从而提高企业创新能力，当然技术资源在企业之间流动和共享时，也会提高集群内的合作创新能力。比如在中国台湾新竹产业园半导体产业的发展中，中国台湾最主要的研究机构——工业技术研究院，在改进获取的技术以及促进技术在本土产业扩散方面发挥了重要作用。由此可见，区域内专业性科研院所、技术平台等技术要素对集群创新能力的形成有正向影响。

从金融资本来看，区域内金融资本的丰裕程度以及能否便利获得是影响集群创新能力的重要因素。创新一般来说具有高投入、高风险、长期化等特点，提高创新能力必须以创新的持续投入为前提。而金融资本则形成了对创新投入的有力保障。陈仲常、余翔（2007）通过实证研究，证实了区域内金融资本的丰裕会影响到企业的研发投入，并进而影响到企业的创新能力[177]。

基于以上从人力资本、技术资源以及金融资本等几方面创新要素的分析来看，创新要素环境无论是对集群内企业自身的创新能力还是合作创新能力均有着积极的影响。

假设2-1a：创新要素环境对企业创新能力有积极影响

假设2-1b：创新要素环境对合作创新能力有积极影响

2. 社会文化环境和集群创新能力的关系

集群创新能力是通过集群成员的创新活动积累起来的，而集群成员的创新活动不仅与集群的结构相关，还受到弥漫在整个集群内的无所不在的社会文化氛围的影响。集群良好的社会文化环境会正向影响集群内企业自身以及企业间合作创新的意识和活动,这种集群创新活动又为集群创新能力的累积和提高创造了有利条件。具体表现在,鼓励创新创业的集群文化有利于强化集群内企业家的创新意识,促进其创新投入和创新活动。企业之间彼此信任的集群文化又会形成一种巩固企业合作关系的黏合剂,使集群内企业不仅可以以非契约的形式开展交易,而且能在一种信赖的气氛中交流和共享技术,从而就解除了集群内企业合作创新的戒备心理,使其愿意加大对创新的投入,这将带动集群创新能力的提高。正如一些学者所认为的区域创新绩效取决于区域内经济主体的相互作用,而这种相互作用必须依托于一定空间且受制于区域特定的社会经济背景。由此,本书提出如下假设:

假设2-2a:社会文化环境对企业创新能力有积极影响

假设2-2b:社会文化环境对合作创新能力有积极影响

3. 区域政策环境和集群创新能力的关系

新制度经济学认为,良好的制度环境能引导和激励企业积极进行创新活动,不仅能使企业充分有效地利用区域内的经济资源,实现经济资源的最优化配置,而且还能设法争取区域外经济资源为本区域内企业服务,从而能有效改善企业创新能力和绩效[178]。区域政策环境对集群创新能力的影响主要表现在三个方面,首先,政府对市场的维护有利于集群企业之间形成一种有序的竞争,保证企业在创新方面的积极性;其次,政府对集群的指导,如提供技术信息、举办技术交流会、建设技术平台等,有利于企业把握技术动向、促进企业之间的交流与合作等,进而提高集群创新能力;最后,政府对集群的支持,比如政府出资设立技术中心、出台各类财税等优惠政策、利用科技项目资助企业的发展等更可以直接给企业带来各种实惠,促使他们进行更多的创新投入,从而提升整个集群的创新能力。如台湾有关当局在新竹半导体产业的发展中,曾广泛利用社会关系网络,邀请在美国工作的华裔半导体技术专家做技术顾问,并召集成立了"电子技术顾问委员会",负责协助评估与谈判技术转移等工作。同时政府还在工业技术研究院设立了"电子工业发展中心",作为技术吸收的主体,并资助 1000 万美元作为发展集成电路工业计划资金。政府的积极作用和提供的一系列政策措施,使新竹产业园成为 20 世纪 90 年代后期"硅谷"返岛人员高科技创业的基地,促进了台湾半导体产业能力的提高。

假设 2-3a:区域政策环境对企业创新能力有积极影响

假设 2-3b:区域政策环境对合作创新能力有积极影响

4. 集群氛围环境和集群创新能力的关系

有学者认为,良性发展的产业集群事实上是因为塑造了企业间因信任而产生的良性网络关系,这些关系又会表现为多种形式,比如基于分工的合作、基于资源使用的合作或者是基于市场需求的合作等。相对于集群内企业的创新竞争,集群企业开展的合作创新引起了更多学者的关注。集群作为一种成员协调合作的组织形式,企业合作与企业聚集是两个互相增强的过程。集群中的企业可以利用地理位置上的接近和产业的关联,通过资源共享、优势互补、共同投入、风险共担方式进行合作创新,既可以克服创新资源不足的困难,又可以分散风险,提高创新能力和创新效率,使竞争的双方实现"双赢"。Barks、Lovatt 和 Connor (2000) 认为,在一个需要密集社会关系、信息交易与网络关系的产业部门里,信任关系对于加强企业合作,进而提高企业创新能力是极其重要的。因此集群氛围环境是提高集群区域内企业间合作创新能力的重要因素。但是正如前面讨论集群氛围环境和集群创新绩效关系时提到,企业之间因邻近、信任等所形成的过度的关系嵌入可能会使合作关系限于锁定状态、限制企业的创新行为等,从而可能会导致企业创新能力的下降。基于以上分析,提出如下假设:

假设 2-4a:集群氛围环境对企业创新能力有倒 U 影响

假设 2-4b:集群氛围环境对合作创新能力有积极影响

4.2.2 集群创新能力和集群创新绩效

有关产业集群创新能力和绩效的研究一直是产业集群研究领域的热点。多数理论文献以及对产业集群的现实调查都反映出集群创新绩效是集群创新能力的直接反映[121]。本书认为集群创新能力主要体现在集群内微观主体的创新能力上面,而对于微观主体而言,这种创新能力一方面是依托于企业自身力量形成的创新能力,本书将其简单概括为企业创新能力;另一方面则是企业与外界的其他主体互动、合作的过程中形成的创新能力,本书将其概括为合作创新能力。从集群的运行来看,集群内企业创新能力如创新意识和创新投入等会直接影响到企业的创新产出,进而影响到产业集群创新绩效;集群内合作创新能力如企业与其他企业共同解决创新中的技术难题、合作研发、积极利用公共研发或技术平台等则同样会影响到企业的创新产出,并影响到产业集群创新绩效。基于以上分析本书提出如下假设:

假设3-1:企业创新能力对集群创新绩效有积极影响

假设3-2:合作创新能力对集群创新绩效有积极影响

4.2.3 集群创新能力的中介作用

作为一个与创新要素环境、社会文化环境、区域政策环境和集群氛围环境以及集群创新绩效都密切相关的变量,集群创新能力起到了连接纽带的作用,能够将区域环境与集群创新绩效之间的关系联系起来,起到中介作用。创新要素环境使集群内企业更便利地获得高级人力资本、技术资源和金融资本等关键要素,从而促进集群内企业自身的创新活动以及企业与其他主体之间的合作创新活动,进而有利于集群创新绩效的提高。社会文化环境通过对企业的潜移默化的影响,进而影响集群内企业的创新意识,并影响企业和其他主体之间的合作活动,从而提高集群创新绩效。区域政策环境则通过对集群内微观主体的引导和支持,直接或间接作用于企业自身或和其他主体的创新活动方面,从而影响集群创新绩效。集群氛围环境对集群创新能力和集群创新绩效的影响相对复杂,一方面,其通过与集群内企业自身创新能力的倒 U 型关系,对集群创新绩效产生倒 U 型影响;另一方面,其通过与集群内企业合作创新能力的正向积极影响关系,对集群创新绩效产生积极影响。

通过对区域环境与集群创新能力、集群创新能力与集群创新绩效之间关系的分析和假设,作为一个与区域环境和集群创新绩效都有密切相关的变量,集群创新能力充当了一座桥梁,能够将区域环境和集群创新绩效联系起来,起到中介作用。因此我们有理由相信创新要素环境、社会文化环境、区域政策环境和集群氛围环境对集群创新绩效的影响是通过集群创新能力的中介作用实现的。由此我们可以得出如下假设:

假设 4-1a:企业创新能力在创新要素环境与集群创新绩效之间起中介作用

假设 4-1b:合作创新能力在创新要素环境与集群创新绩效之间起中介作用

假设 4-2a:企业创新能力在社会文化环境与集群创新绩效之间起中介作用

假设 4-2b:合作创新能力在社会文化环境与集群创新绩效之间起中介作用

假设 4-3a:企业创新能力在区域政策环境与集群创新绩效之间起中介作用

假设 4-3b:合作创新能力在区域政策环境与集群创新绩效之间起中介作用

假设 4-4a:企业创新能力在集群氛围环境与集群创新绩效之间起中介作用

假设4-4b：合作创新能力在集群氛围环境与集群创新绩效之间起中介作用

基于前面的分析，可以得到区域环境对新兴产业集群创新绩效作用机制的概念模型如图4.1所示。

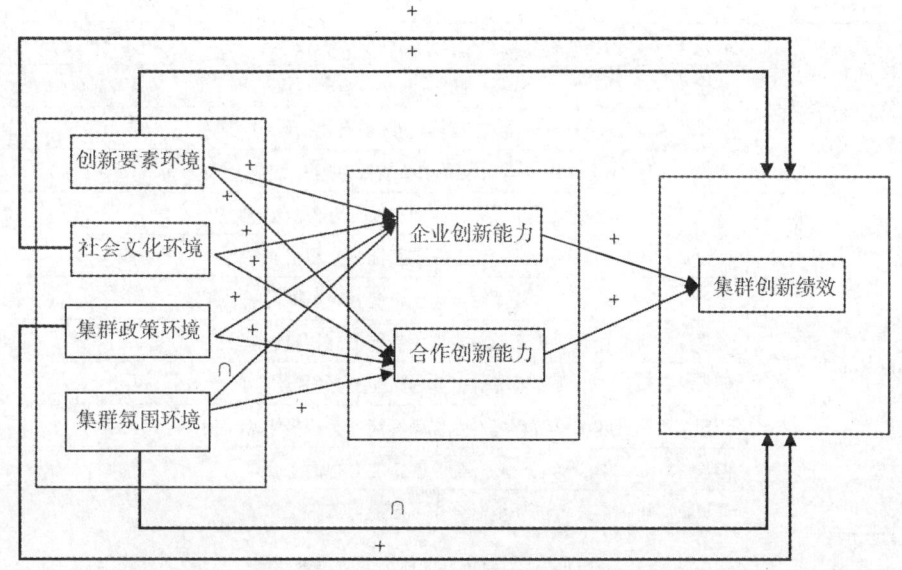

图4.2 区域环境对新兴产业集群创新绩效的作用机制概念模型

4.3 本章小结

本章在第1章相关概念界定、第2章理论回顾以及文献综述、第3章探索性案例研究出的关于区域环境对集群创新绩效影响机制的初始假设命题基础上，基于前人的研究基础，围绕本书的研究目的和内容进行了更为深入的分析，试图构建概念模型，如图4.2所示，来解释和论述区域环境、集群创新能力和集群创新绩效之间的深层次关系，以及相应变量之间的影响路径。通过推导论证，本章提出了共22个假设，汇总如表4.1所示。

表4.1 本研究所有理论假设

关系内容	假设内容
区域环境与集群创新绩效之间的关系	假设1-1：创新要素环境对集群创新绩效有积极影响
	假设1-2：社会文化环境对集群创新绩效有积极影响
	假设1-3：区域政策环境对集群创新绩效有积极影响
	假设1-4：集群氛围环境对集群创新绩效有倒U影响
区域环境与集群创新能力之间的关系	假设2-1a：创新要素环境对企业创新能力有积极影响
	假设2-1b：创新要素环境对合作创新能力有积极影响
	假设2-2a：社会文化环境对企业创新能力有积极影响
	假设2-2b：社会文化环境对合作创新能力有积极影响
	假设2-3a：区域政策环境对企业创新能力有积极影响
	假设2-3b：区域政策环境对合作创新能力有积极影响
	假设2-4a：集群氛围环境对企业创新能力有倒U影响
	假设2-4b：集群氛围环境对合作创新能力有积极影响
集群创新能力与集群创新绩效之间的关系	假设3-1：企业创新能力对集群创新绩效有积极影响
	假设3-2：合作创新能力对集群创新绩效有积极影响
集群创新能力的中介效应	假设4-1a：企业创新能力在创新要素环境与集群创新绩效之间起中介作用
	假设4-1b：合作创新能力在创新要素环境与集群创新绩效之间起中介作用
	假设4-2a：企业创新能力在社会文化环境与集群创新绩效之间起中介作用
	假设4-2b：合作创新能力在社会文化环境与集群创新绩效之间起中介作用
	假设4-3a：企业创新能力在区域政策环境与集群创新绩效之间起中介作用
	假设4-3b：合作创新能力在区域政策环境与集群创新绩效之间起中介作用
	假设4-4a：企业创新能力在集群氛围环境与集群创新绩效之间起中介作用
	假设4-4b：合作创新能力在集群氛围环境与集群创新绩效之间起中介作用

第5章 研究设计和数据收集

本章主要进行了实证分析前的量表开发、数据采集以及研究方法的确定。具体来讲，首先根据相关文献的回顾以及人员访谈和企业试调研，确定本书所涉及的测量量表；其次确定了本书的调查总体和样本的选择；再次介绍了本书正式调查工作的实施过程以及样本的基本信息；最后说明了本书所使用的研究方法。

5.1 问卷设计

5.1.1 问卷基本结构

王重鸣（1990）认为问卷量表的设计包含四个层次：问卷的理论构思与目的、问卷格式、问卷项目的语句以及问卷所使用词语。进行问卷内容以及子量表设计时要根据问卷设计的目的确定；问卷应避免复杂语句或带有引导性的问题，用语要明确、具体，避免多重含义或隐含某种假设；问卷所用词语要避免过于抽象以防止反应定式，同时要控制反应偏向。

本书的问卷设计主要围绕产业区域环境、产业集群创新能力以及产业集群创新绩效之间的关系及作用机制展开，要求问卷能够为研究内容提供所需要的有效数据，并运用因子分析、相关及回归分析、结构方程模型等对这些数据进行实证统计。并根据第 4 章形成的概念模型和研究假设，确定问卷量表中需要测量的变量，主要包括：区域环境（包括创新要素环境、社会文化环境、区域政策环境、集群氛围环境）、集群创新能力（包括企业创新能力与合作创新能力）和集群创新绩效。

围绕本书研究目的和研究内容，本书所设计的调查问卷主要包括六部分内容（详见附录 II）：

（1）集群基本信息，包括集群形成年限、集群实力（集群年产值占全国该产业年产值比重等）、集群创新总体情况评价；

（2）企业基本信息，包括企业成立时间、所属产业、员工人数、年均销售收入等；

（3）区域环境情况，包括创新要素环境、社会文化环境、区域政策环境以及集群氛围环境；

（4）集群创新能力情况，包括集群内企业自身创新投入情况以及企业合作创新情况；

（5）集群创新绩效情况，包括集群内企业的创新效果和创新效率等；

（6）填写问卷者的基本信息。

5.1.2 问卷设计过程

本书涉及的关键变量比如区域环境、集群创新能力和集群创新绩效等数据无法从公开资料中获得，因此本书数据收集采用了问卷调查的方式。参考相关学者的研究，测量问卷一般采取如下程序进行开发：首先通过文献回顾以及与相关人士的访谈形成经验调查；其次与学术界专家讨论；再次与企业家讨论；最后是通过预测试对题项进行纯化（Churchill，1979）。因此，本问卷设计过程经历如下几个阶段：

（1）文献阅读与访谈调查。在对创新要素、社会文化氛围、集群区域政策、集群氛围、集群创新能力以及集群创新绩效等国内外文献阅读分析的基础上，借鉴权威研究的理论构思以及被广泛应用的实证研究文献中的已有量表，形成初步研究思路，然后在此基础上形成半开放式企业访谈提纲，深入到南京徐庄软件园、雨花软件谷等20家企业进行访谈调查。通过与企业界中高层管理人员的交流，本书对题项进行了删减，同时对一些题项的表述方式进行了调整。本书将文献阅读和实地调研两种方式相互结合从而形成了问卷初稿。

（2）通过与学术界专家讨论对问卷题项进行修改。采用面谈与电子邮件的方式，就所研究变量之间的逻辑关系以及设计的题项向在该领域或问卷设计方面有丰富经验的学者寻求建议，具体包括4位教授，3位副教授，根据学术界专家的意见对题项归类以及表述进一步进行了调整，形成了第2稿的问卷。

（3）通过预测试对题项进行纯化，最终问卷定稿。2010年12月笔者在南京市玄武区科技局的协助下，将问卷发放给了28家企业高层管理人员进行预测试，根据反馈的问卷进行量表信度和效度评估，对问卷作进一步修改完善，在此基础上形成了调查问卷的终稿。

5.1.3 问卷防偏措施

由于本书应答者的回答主要建立在主观评价上，因此可能会导致问卷结果出现偏差的问题。Fowler（1988）认为主要有四种原因可能导致应答不准确，分别是应答者不知道该问题的答案；应答者不能回忆所提问问题答案的信息；虽然知道这些问题答案的信息，但是应答者不想回答这些问题；应答者不能理解所问的问题。尽管无法完全消除上述的四个因素可能带来的结果偏差，但可以通过一些措施来尽可能地降低这些问题所带来的负面影响。本书采取的应对措施如下：

（1）为减少因填写问卷者不知道答案的相关信息而带来的负面影响，本书选择在该企业工作至少两年之上，对企业整体运作情况以及所处集群情况较为熟悉的中高级管理人员填写问卷，并请问卷填写者就不清楚的问题向企业有关人员咨询后作答。

（2）为减少因填写问卷者无法回忆所需答案的相关信息而带来的负面影响，本问卷题项所涉及的问题均是企业近三年内的情况，从而尽量避免由于填写问卷者记忆问题所引起的偏差。

（3）为减少因填写问卷者虽知道某些问题答案却不想回答而带来的负面影响，本问卷在卷首即向填写问卷者表明，本问卷纯属学术研究目的，内容不涉及企业商业机密，所获信息也不会用于任何商业目的，并承诺对填写问卷者提供的信息予以保密。

（4）为减少因填写问卷者不能理解问题所带来的负面影响，本问卷在设计过程中广泛听取企业界与学术界专家意见，并对问卷的表述和措辞进行反复修改完善，以尽量排除题项不好理解或者表意含糊不清的情况发生。

5.2　测量量表开发与确定

本书所涉及的变量包括区域环境、集群创新能力和集群创新绩效以及行业类型、企业年限、年销售收入、集群形成年限等控制变量。在变量的测量方式上，本书主要采用主观感知方法以 Likert5 分量表的形式对变量进行测量。7 分量表虽然能够提高变量之间的区分度，以及增加变量的变异量，但根据 Berdie（1994）的研究经验，5 分量表是最可靠的，因为一旦选项超过 5

分，一般人难有足够的辨别力。因此，本书采用Likert5分量表来评估，其中1代表完全不同意，2代表基本不同意，3代表中立，4代表基本同意，5代表完全同意。

5.2.1　自变量的测量

根据前文对区域环境内涵的界定和维度的划分，下面将主要针对创新要素环境、区域政策环境、社会文化环境和集群氛围环境四个维度探讨对区域环境变量的测量。

Brusco和Tyebjee（1982）在对一些成功区域的环境因素进行评价时，考虑了12个重要的环境因素，分别是风险投资的易获得性、经验丰富的企业家队伍、技术熟练的劳动力的集聚、供应商比较接近、顾客（客商）和新市场接近、比较令人满意的政府政策、良好的大学（研究机构）与企业比较接近、土地利用方便且比较令人满意、交通方便、善于接受新鲜事物和知识的人群、辅助支持服务业的存在、有吸引力的居住条件[179]。

Busenitz、Gomez、Spencer（2000）在评估区域创业精神（也可认为是一个区域内的社会文化环境状况）时着重考虑了制度维度、规范维度和认知维度。其中制度维度是指区域对于创业精神的法律保障以及相关支撑制度的完善状况；规范维度是指区域内人们对于创业活动以及创业和创新精神的态度和想法；认知维度是指区域内人们关于创建和运营企业方面的知识和技巧的占有情况[180]。而后Manolova、Eunni、Gyoshev（2008）又根据东欧一些新兴经济的情境对这一量表进行了后续研究和开发，在制度维度的测量方面采用了诸如政府组织支持个人创办企业、政府部门为小型新设企业留出政府契约、政府对于拟创业个体有特别的支持、对于曾经创业失败的企业家，政府还会支持其再创业；规范维度的测量采用了四个题项，分别是该国家内成功创业是令人称赞的、该国内创新或者创造被视为通往成功的路径、该国内企业家是令人称赞的、该国内人们普遍高度赞扬那些创办自己公司的个体[181]；认知维度方面采用了四个题项，分别是创业个体知道如何合法保护新企业、有创业倾向的个体能较好地对待风险（态度）、有创业倾向的个体能较好地管理风险（做法）、许多人知道如何获得关于他们产品市场的信息。他们的研究为本书研究社会文化环境提供了有益的借鉴。

盖文启（2002）对区域创新环境的衡量主要采用了如下指标：劳动力的获得机会、劳动力的成本、专业化程度、服务的方便程度、信息获得的机会、与本地企业的合作程度、中介机构的支持程度、本地的科学技术水平、产品质量提高的可能性、市场营销成功的程度、获得信誉的可能性等。

Molina-Morales 和 Martínez-Fernández（2004）借鉴 McEvily 和 Zaheer（1999）的相关量表来测量产业区域内的制度环境对公司价值的影响，具体题项有：您从当地机构获得过 R&D 方面的支持、您或您公司员工接受过当地教育机构的具体培训、您的公司受益于当地教育机构开展的研究活动、您认为您从外部公司获得的支持不能取代从本地机构获得的支持、您认为当地商会组织扮演的角色非常重要。

张洪石、付玉秀（2005）设计了 14 个问题对环境进行测量，分别是市场的动荡程度、高层管理者感知的威胁程度、与大学或科研机构的合作程度、与竞争企业的竞争激烈程度、对供应商的依赖程度、对传统金融机构的依赖程度、与风险投资机构的合作程度、与政府主管部门的联系程度、政府在科技人员激励方面提供的支持力度、政府在知识产权保护方面提供的支持力度、政府对行业管制的力度、企业文化的激进程度等，还通过因子分析，把 14 个环境因素归为了 3 个因子，分别是环境变化因子、环境支持因子和环境依赖因子[99]。

胡恩华（2007）将集群外部环境分为自然环境和社会环境两个方面，并从地理区位环境、法制政策环境、社会人文环境、技术环境和市场环境等几个维度对环境进行了测量，具体量表有如下问题：地理区位环境（自然禀赋状况、地理区间聚集程度、产业传统状况、集群配套的服务条件);社会文化环境(创新文化氛围、创业文化氛围、文化特质状况、社会网络化状况);法制政策因素(公共品的供给状况、制度供给状况、市场环境维护状况、政府经济指导状况);市场环境(市场规模状况、市场需求结构的变化、市场结构的转变、市场导向状况);群外技术环境(技术变迁能力、技术供给能力、技术承载能力)[89]。

黄速建等(2010)的《中国产业集群创新发展报告(2010~2011)》中对区域创新环境分别从三个维度:集群政策、创新要素、相关和支持产业情况进行了测量,具体又分为七个指标,分别是地方集群政策、风险资金发展水平、核心技术人才可获得性、核心生产设备可获得性、市场竞争水平、产业配套水平和高端客户状况。

Brandenburger 和 Nalebuff(1995)描述了一些企业之间竞争与合作关系的具体表现,如主动为合作方考虑以及共同创造价值带来双赢等[182],刘磊磊(2009)对企业之间合作关系的衡量从合作内容、合作态度以及合作维持时间三个方面设计了 10 个测量题项[183]。

从文献来看,关于环境测量的指标设计并不统一。学者研究的侧重点不同,其指标设计也有较大偏差。鉴于本书研究的区域环境主要是指影响新兴产业集群创新的集群区域内的创新环境,因此在设计有关衡量指标时,要更为针对新兴产业的特点来设计相关指标。本书对区域环境的各个维度,采用 14 个问题进行测量。在创新要素环境方面,借鉴 Brusco 和 Tyebjee(1982)、Brenner 和 Weigelt(2001)的研究,主要考虑的是产业集群的服务配套、人财物情况以及相关外部部门的支持状况等,设计了 3 个测量题项;在社会文化环境方面,主要借鉴 Busenitz 等(2000)、Antonelli(2000)以及 Manolova 等(2008)的研究,关注的是全社会对企业或个人开展创新、创业活动的态度,设计了 3 个测量题项;在区域政策环境方面,主要考虑的是相关政府主管部门在产业集群发展过程中所给予的政策倾斜与支持,借鉴了 Molina-Morales 和 Martínez – Fernández（2004）、胡恩华等（2007）的研究，设计了3个测量题项；在集群氛围环境方面，本书将它看成一个连续变量，两个极端分别是高度合作与高度竞争，借鉴了 Nalebuff 和 Brandenburge（1995）及刘磊磊（2008）的研究，并设计出5个测量题项。

表5.1　区域环境的测量题项设计

区域环境	测量题项	参考文献
创新要素环境	所属产业集群的财物资源状况良好	Brusco 和 Tyebjee（1982）、Brenner 和 Weigelt（2001）
	所属产业集群的人才资源状况良好	
	所属产业集群的技术实力很强	
社会文化环境	集群区域创业文化氛围浓厚	Busenitz 等（2000）、Antonelli（2000）和 Manolova 等（2008）
	集群区域人们对新鲜事物接受度高	
	集群区域人们都认为创新是获得成功的重要途径	
区域政策环境	本企业所属产业集群的市场环境维护状况良好	Molina – Morales 和 Martínez – Fernández（2004）、胡恩华等（2007）
	本企业所属产业集群的政府指导状况良好（主要是指信息供给，公共服务平台，劳动力培训等）	
	本企业所属产业集群发展的政策支持状况良好	
集群氛围环境	集群内企业在交往过程中经常表现出坦率与真诚	Nalebuff 和 Brandenburge（1995）及刘磊磊（2008）
	集群内企业对其他企业所提供的信息非常信任	
	集群内企业都衷心希望其他企业获得成功	
	集群内企业在进行决策时都充分考虑到其他企业的利益	
	集群内进行合作的企业都非常可靠	

5.2.2　中介变量的测量

本书在前面的分析中，已经对集群创新能力进行了界定，并认为集群创新能力可以从两个维度进行考虑，分别是企业依靠自身力量的创新能力，以及集群内企业和其他机构或企业合作创新的能力，因此在设计有关集群创新能力的测量指标时，拟从这两个维度分别考虑测量的有关题项。

对于前者，借鉴 Fleming 和 Sorenson（2001）的研究，把专利作为测量技术能力的一个因素[184]；此外借鉴彭灿、杨玲（2009）的研究，基于产业集群的视角，分别从产品创新与工艺创新这两个方面设计了 6 个条目。

对于后者，借鉴 Heide 和 Miner（1992）[185]的研究，选择合作方的共同参与和交流频率进行测量；借鉴 McEvily 和 Marcus（2005）对企业间合作网络以及企业联盟内企业竞争能力的研究，选择了合作方的信任、合作方的信息共享以及合作方共同解决问题三个方面对企业间合作创新能力进行测量；此外还关注了集群内企业和其他支持机构之间的合作创新情况，一共设计了 5 个测量条目。

表 5.2 集群创新能力的测量题项

集群创新能力	测量题项	参考文献
企业 创新能力	本企业会迅速发现顾客需求	Fleming 和 Sorenson（2001）及彭灿、杨玲（2009）
	本企业会持续推出丰富而多样化的产品或服务	
	本企业很重视知识产权及专利的申请与保护	
	本企业的研发费用投入持续增加	
	本企业会持续添置新设备，以提升生产或工作效率	
	本企业常引进或开发更具效率的制造工艺从事生产	
合作创新能力	在合作创新活动中，本企业会与其他企业共同克服合作中的困难	Heide 和 Miner（1992）与 McEvily 和 Marcus（2005）
	在合作创新活动中，本企业会与其他企业共同解决创新中的问题	
	本企业和高校、科研院所的合作紧密	
	本企业能充分利用公共研发、测试等平台	
	本企业与政府部门保持良好的关系	

5.2.3 因变量的测量

在本书中，集群创新绩效为因变量，也即被解释变量。对于集群创新绩效的度量，一般不能采用单一的指标，因为单一指标往往只能反映创新绩效的某一方面，而创新是一个复杂的系统工程。创新活动的阶段性、多样性以及各创新活动间的层次性，决定了创新绩效评价指标体系的多角度性。因此，采用多指标从多个角度和层面来反映创新绩效更加科学。

对创新绩效的衡量，有不少学者采用诸如资产收益率、每股收益率、销售收益率等表征集群企业财务业绩水平的指标来对企业集群创新行为进行测评。如蔡宁、吴结兵（2007）在对产业集群竞争优势进行研究时，采用集群内企业的绩效来衡量产业集群的竞争优势，主要衡量指标有企业的销售收入、出口额和利润总额三项[1]。

但是 Durand 认为集群企业的财务业绩水平并不能完全测量集群企业的创新行为，而且财务指标应该说是创新行为的间接表现，因此，完全用财务业绩指标来测度企业集群创新行为是存在缺陷的。于是有很多学者采用《奥斯陆手册》（OECD，1992）对创新绩效的衡量指标，分别是创新产品的销售率和创新率。创新产品的销售率是指新产品销售在整个产品销售中所占的比例。创新率是指新产品数量除以整个产品数量得到的比例。这种指标相对于上面提到的财务指标而言，应该算是能够直接反映创新成果的指标。Hagedoorn 和 Cloodt（2003）的研究对于创新绩效量表的开发与指标确定具有较强的借鉴作用，他们通过综述有关学者的观点，构建了由 R&D 投入、专利申请数、专利引用数和新产品上市数 4 项指标组成的综合指标体系，并采用不同国家将近 1200 家高技术企业的有关数据，利用因子分析法分行业以及汇总对创新绩效进行评估，并认为这四项指标无论是在总体样本的测试中，还是在分行业样本的测试中均不存在显著的系统差异，能够较好地对创新绩效进行解释和测量[186]。数据检验的结果认为这些指标能够较好地对创新绩效进行解释和测量，这种对创新绩效的衡量指标也是创新投入产出的一种直接反映。从文献来看，采用一些能够直接反映创新效果的指标来对创新绩效进行测量较为普遍。如官建成、任正民等（2009）对中国经济转型时期创新战略和绩效之间的关系进行研究时,就是直接援用了 OECD 的衡量方法,采用了创新产品的销售率和创新率来衡量企业的创新绩效[187]。Bell(2005)用三个题项测量创新绩效,"企业在以下方面处于领先地位,①引入新产品;②引入新服务;③引入新技术"。陈劲等(2007)参考了 Cooper 和 Lynn 等学者对创新绩效的测试体系,采用了 3 个非财务指标从技术成果角度来考察企业创新绩效,包括:新产品数、专利申请和技术诀窍。蔡莉等(2008)采用里克特七点量表对创新绩效进行测量,题项的设置包含:开发和引进新产品的数量;开发和引进新设备的数量;生产活动的新组织方式的数量[188]。彭灿、杨玲(2009)在对企业技术能力、创新战略以及创新绩效的研究中,对创新绩效采用了里克特五点量表进行测量,测量内容分别为年申请的产品专利数、年新产品数量占企业产品总数比例、新产品销售比例、产品质量改善率、生产周期缩短的时间、产品成本的降低情况。前三项指标是和产品创新绩效相关,后三项指标是和工艺创新绩效有关[140]。钱锡红等(2010)根据前人研究使用了 5 个指标测量创新绩效,包括:与同行相比,我们常常在行业内率先推出新产品/新服务;与同行相比,我们常常在行业内率先应用新技术;与同行相比,我们的产品改进和创新有非常好的市场反应;与同行相比,我们的产品包含一流的先进技术和工艺;与同行相比,我们的新产品开发成功率非常高。

当然,鉴于对创新绩效衡量的复杂性,也有一些学者同时采用了财务(间接)和非财务(直接)两个方面的指标对集群内企业的创新绩效进行衡量。

胡恩华等(2007)在采用问卷对企业集群创新行为进行测度的研究中,根据 Steers 的建议采用多重而非单一因素(变量)的自评方式来衡量企业集群创新行为,分为财务和非财务业绩两个因素。其中财务业绩选用了 3 个问题项,分别采用资产收益率、销售收益率和销售增长率来衡量集群企业创新行为的财务业绩水平,非财务业绩用了 2 个问题项,根据 Ari 的研究,采用集群企业新产品成功率和新工艺成功率两个指标来综合测度集群企业创新行为的非财务绩效水平。李志刚、汤书昆等（2007）在文献研究和专家调研的基础上设计了集群创新绩效的衡量指标，主要使用了5个衡量指标，分别是：产品创新能力、工艺创新能力、市场创新能力、管理创新能力和信息获取能力[22]。蔡莉等（2008）采用里克特七点量表对创新绩效进行测量，题项的设置包含：开发和引进新产品的数量；开发和引进新设备的数量；生产活动的新组织方式的数量。彭灿、杨玲（2009）在对技术能力、创新战略和创新绩效的关系研究中，对创新绩效的测度主要包括产品创新绩效和工艺创新绩效。其中产品创新绩效由当年申请的产品专利数、年新产品数量占企业产品总数比例、新产品销售比例等二级指标构成；工艺创新绩效由产品质量改善率、生命周期缩短的时间、产品成本的降低情况等二级指标构成。Chen、Lin 和 Chang（2009）在对关系学习、吸收能力对创新绩效的影响研究中，在借鉴 Cordero（1990）、Govindarajan 和 Kopalle（2006）测量的基础上使用5个指标测量创新绩效，具体包括该公司可以通过创新提高产品质量；该公司可以通过创新加快新产品商业化的步伐；该公司可以利用新产品创造大量的利润；该公司能够开发新技术，以改善工作流程；该公司购买新的工具或设备，以加速提高生产力。沈灏、李垣（2010）在对联盟关系、环境动态性和创新绩效的影响研究时，借鉴 Hagedoorn、Cloodt（2003）和 Beneito（2006）的有关测量创新绩效的文献，采用4个指标来度量联盟企业创新绩效的程度：新产品数量增长程度，专利数量增长程度，研发投入增长程度，投资回报率增长程度。

本书在 Utterback 和 Abernathy（1975）、Cooper 和 Kleinschmidt（1996）、Hagedoorn 和 Cloodt（2003）等学者的研究基础上，同时考虑了衡量创新绩效的直接指标和间接指标，采用5个题项对集群创新绩效进行衡量，要求企业判断在过去三年与国内同行业的主要竞争对手相比，企业在新产品上市数量、专利（软件著作权）申请数、新产品开发速度、市场占有率以及获利能力这5个方面所处的地位。

第 5 章 研究设计和数据收集

表 5.3 集群创新绩效的测量量表

测量项目	测量题项	参考文献
创新绩效 （近三年，本企业相对于竞争对手而言）	企业的新产品数量多	Utterback 和 Abernathy（1975）、Cooper 和 Kleinschmidt（1996）、Hagedoorn 和 Cloodt（2003）等
	企业专利（软件著作权）成功申请数目多	
	新产品开发速度快	
	企业市场占有率高	
	企业获利能力强	

5.2.4 控制变量的测量

集群创新绩效是一个多因素共同作用的结果，在研究特定因素对集群创新绩效影响时需要对其他变量进行一定的控制。本书在控制变量的选择方面，借鉴国内外大多数的相关研究并考虑到本书的实际情况，选择了集群形成时间、产业类型、企业在集群内设立年限以及企业年均销售收入 4 个选项作为控制变量。虽然这些控制变量不是本书的研究重点，但现有研究已经证实了诸如集群形成时间、产业类型、企业在集群中发展的年限以及企业规模等与集群创新绩效之间存在一定的相关关系，因此有必要在研究中进行相应的控制。

集群形成时间。在前面的文献综述中，很多学者的研究表明产业集群的发展存在周期性。产业集群的形成时间和产业集群绩效之间可能存在倒 U 型关系。因此本书将其作为控制变量，并按照集群形成时间的长短，将其分为 5 个水平，1 表示形成时间为 1~3 年、2 表示形成时间为 4~6 年、3 表示形成时间为 7~10 年、4 表示形成时间为 11~15 年，5 表示形成时间为 16 年以上。

产业类型。对产业类型的控制，一方面因为许多研究表明，产业类型会影响到企业绩效（Dunning，1993；McGahan、Porter，1997），当然也会影响到集群本身的绩效。另一方面考虑到不同的产业类型中，关键性的环境要素对企业绩效乃至对集群创新绩效的影响程度可能有所差异，为了剔除产业类型对本书问题可能产生的干扰作用，我们将产业类型作为控制变量。

企业在集群内的发展时间。企业在集群中发展时间的长短会影响到企业与集群范围内其他企业以及相关支持机构之间网络关系的构建，这会进一步地影响到集群创新绩效。本书对企业成立年限设计了和集群形成时间相同的测量指标，分别是1表示成立时间为1~3年、2表示成立时间为4~6年、3表示成立时间为7~10年、4表示成立时间为11~15年、5表示成立时间为16年以上。

企业年均销售收入。企业年均销售收入反映了集群内企业的实力状况。企业年均销售收入越高，企业就会有更多的资源和能力实现高绩效。因为本书主要以集群内企业的创新绩效来测度集群创新绩效，考虑到企业年均销售收入可能会对集群绩效产生的影响，选择其为研究的控制变量，并设计了相关指标，考察集群内企业近三年年均销售收入的情况，指标设计分别为：1代表1000万元及以下，2代表1001万~3000万元，3代表3001万~5000万元，4代表5001万~1亿元，5代表1亿元及以上。

5.3　样本选择和数据采集

本书主要通过问卷调查方式收集原始数据，为使得研究结果具有一定的科学性和代表性，科学地选择具有代表性的样本以及获取调查数据是十分重要的。

5.3.1 样本选择

本书的主要目的研究产业区域环境和产业集群创新绩效的关系，而产业集群创新绩效的衡量还是取决于集群内企业的创新绩效。因此，本书主要针对新兴产业领域内集群发展的企业，研究企业对区域环境的感知、企业在集群区域中的创新状况以及企业在集群内的创新绩效，并以此来判断区域环境对集群创新绩效的影响。因为是以企业作为调查对象，由于中国的实业界和学术界还没有形成良好的互动关系，所以直接到企业发放问卷存在较大的难度。考虑到数据的可获得性，本书依托江苏省科技厅下设的江苏省科技创新协会，选择了江苏省若干个新兴产业集群发展区域内的企业作为研究的总体。此外，由于调查问卷的内容涉及对企业创新能力与创新绩效的评价，因此选择对企业创新投入与产出情况相对熟悉的中高级管理人员填写问卷，保证问卷的真实性。

从抽样方法来看，样本质量决定了研究结论的适应性或外推性，样本最主要的特点是它的代表性，不同的抽样方法有着不同的总体代表性（李怀祖，2004）。在抽样调查中常用的抽样方法包括随机抽样和非随机抽样。随机抽样又具体包括简单随机抽样、分层抽样、系统抽样和整群抽样。随机抽样能够保证每一总体单位有已知的概率被抽中，且该种方法可以计算抽样误差，保证了样本对总体的代表性。但是在实际操作中有一定的困难，特别是对于在中国研究企业的情况，能够收集上来的数据量有限，无法保证抽样的随机性。与随机抽样相对应的是非随机抽样方法。具体又包括方便抽样、判断抽样和配额抽样。这种抽样方法具有成本低、效率高，但代表性较差的特点。方便抽样主要是研究者以方便易行作为抽样的首要考虑，往往为了争取时效或达到特殊的目的进行访谈或实施调查。判断抽样则是研究者根据研究需要和自己的主观考虑，有目的地进行访谈或实施调查以获取数据。

本书考虑到研究经费的局限与研究时间的要求,以及当前我国利用问卷调查收集实证研究数据的困难现象,采用方便抽样的方法。在全国范围内选择江苏省作为调查的区域范围,并选择了江苏省软件产业、新材料产业和新能源产业等新兴产业集群发展的区域——南京雨花软件园、南京徐庄软件基地、南京浦口经济开发区、江宁经济开发区、常州科教城,以及无锡高新区作为调研范围。样本来源具体是:我们通过各种社会资源和人际关系,在相关部门和人员的帮助下,通过电子问卷以及纸质问卷现场发放的方式,针对几大区域内的企业相关负责人发放问卷500余份。

选择江苏省新兴产业集群区域的企业作为研究的总体,是基于如下的考虑。20世纪80年代以来,我国江苏、浙江和河北等地出现了较为明显的产业集群发展趋势,而且和浙江的传统产业集群、河北的资源型产业集群又有所不同,江苏表现出了较为明显的高新技术产业以及新兴产业集群的倾向,诸如新材料产业、新能源产业、软件及外包产业集聚度明显。江苏省科技信息网站上显示的数据表明,2009年底在省内的16个国家和省级高新园区集中了全省近40%的高新技术产业产值和60%的新兴产业产值,可以说江苏省内新兴产业集群现象比较明显且突出。因此选择江苏省新兴产业集群区域的企业作为研究总体,具有一定的代表意义。

5.3.2 数据收集

在进行正式数据收集之前,本书先进行了小样本测试,以检验问卷设计的一致性和稳定性。即在大规模发放问卷之前,对构念指标进行修改和完善,保证问卷的语言表述无歧义、通俗易懂,符合中国的语言习惯,对量表的信度、效度进行初步的检验,此外通过小样本测试能够帮助确定合适的问卷的填写人,从而确保填写人对问卷的内容是熟悉和了解的。2010年12月笔者在南京市玄武区科技局的协助下,将问卷发放给了28家企业高层管理人员进行预测试。

在小样本测试的过程中同时进行深度访谈,个人深度访谈是指访问人员与被调查者一对一的深入交谈,主要有两种类型,一种是自由交谈,另一种是半控制性的交谈。本书采用半控制性的交谈,事先列好访谈的提纲,访谈过程中进行微调。在具体访谈进程中,我们主要根据本书的研究问题事先确定好需要讨论的具体内容。在访谈的过程中,我们也会适时根据受访者的话题与兴趣而稍作发挥,以便收集其独特的观点。通过与企业高层的深度访谈,获得了关于问卷指标的清晰性、可读性和简洁性等方面的宝贵意见,在此基础上对问卷的表述进行了微调。通过这次深度访谈和同时进行的问卷调查,共回收了28份有效问卷。针对预调研的28份样本数据进行信度检验和效度检验,在此基础上,对问卷的指导语、结构设计等进行了修订;并按照指导语、基本信息和正式题目的顺序形成了正式的调查问卷,然后进行正式的大规模调查。

正式样本的数据收集于2011年3月初开始实施,到2011年4月底结束,历时2个月。本书主要依托各地方科技局、开发区管委会等协助发放和回收问卷,问卷发放对象为集群区域内企业的中高层管理人员。在问卷的发放和回收过程中,笔者对问卷发放、填写和回收实现全程跟踪,保持与相关人员的联系,这在很大程度上保证了问卷的回收率。本次调查共发放问卷500余份,回收320份。由于本书的问卷是通过行政手段发放,存在未理解问题导致填写不认真、填写含糊等明显无效的问卷,因此对回收上来的问卷,本书按照以下原则进行筛选:①问卷填写明显不完整;②问卷填写不认真,如答案呈"Z"行排列、所有题项选同样选项,以及反向题项中,正反问题回答信息对比存在明显问题;③存在明显雷同的问卷。根据上面的三个原则对问卷进行仔细检查后,保留问卷284份。为了保证所收集信息的准确性,又根据问卷填写者对企业所属集群熟悉程度这一选项的回答情况,剔除回答选项为"非常不熟悉"和"不熟悉"的问卷,共计16份。从而本书最终收集有效问卷268份，有效回收率为53%。

5.3.3 样本描述性统计分析

1. 样本来源分布

本书的样本主要来源于常州科教城、无锡高新区以及南京的几个科技园区，其中无锡高新区和常州科教城的企业总数占了样本总数的50%以上。样本企业来源的具体分布如表5.4所示。

表5.4 样本企业来源分布（N=268）

集群区域	常州科教城	无锡高新区	南京徐庄软件园	南京雨花软件园	南京浦口经济开发区	南京江宁经济开发区
有效样本数量	70	75	42	25	23	33
百分比	26%	28%	16%	9%	9%	12%

2. 问卷填写者个人信息

本调研要求对产业集群和企业创新情况较为熟悉的中高级管理人员填写，在问卷回收中又进一步剔除了不熟悉集群相关情况的回答者所填写的问卷。调研统计结果表明，67%左右的填写者对企业所属集群非常熟悉或者熟悉，这在某种程度上保证了问卷填写的质量。

表5.5 问卷填写人的基本情况

统计特征	分类	份数	百分比（%）
对企业所属集群的熟悉程度	一般	88	32.8
	熟悉	148	55.2
	非常熟悉	32	12.0
	合计	268	100

续表

统计特征	分类	份数	百分比（%）
工作年限	0~5年	132	49.3
	6~10年	70	26.2
	11~15年	36	13.4
	16~20年	21	7.8
	21年以上	9	3.3
	合计	268	100
最高学历	专科以下	10	3.7
	专科	36	13.4
	本科	160	59.7
	硕士	50	18.7
	博士	12	4.5
	合计	268	100

3. 被调查企业信息

从被调查企业的基本统计情况来看，这些企业主要分布的行业有新能源产业、新材料产业、软件与服务外包产业以及通信、电子设备制造产业，这些均属于我们所界定的新兴产业范畴，和我们调查的目标产业有较好的吻合。此外，从企业的成立时间来看，多数企业的成立时间在1~3年，占据了46.6%的比例；从企业的员工数量来看，多数企业的年均员工数量在300人以下，占据76.1%的比例，这从某种程度上反映出样本企业多数是设立时间不长、普遍规模较小的企业，这和目前新兴产业中的企业特点也表现出了较好的吻合。

表 5.6 被调查企业的基本情况

特征	分类	份数	百分比（%）
行业	新能源	55	20.5
	新医药	13	4.8
	新材料	65	24.2
	节能环保	22	8.2
	软件与服务外包	43	16.0
	传感网	7	2.8
	通信、电子设备制造	43	16.0
	其他	20	7.5
	合计	268	100
在集群内发展年限	1~3 年	125	46.6
	4~6 年	42	15.7
	7~10 年	49	18.3
	11~15 年	42	15.7
	16 年及以上	10	3.7
	合计	268	100
近三年平均年销售额	1000 万元及以下	133	49.6
	1001 万~3000 万元	50	18.7
	3001 万~5000 万元	40	14.9
	5001 万~1 亿元	26	9.7
	1 亿元及以上	19	7.1
	合计	268	100
近三年平均年员工数量	300 人及以下	204	76.1
	301~800 人	34	12.7
	801~1300 人	24	9.0
	1301~2000 人	4	1.5
	2001 人及以上	2	0.7
	合计	268	100

5.4 分析方法

5.4.1 信度和效度分析

在正式进行数据分析之前,需要评价量表质量的高低,通常我们从信度(reliability)和效度(validity)两个方面进行评价。

信度是对于同样的对象,运用同样的观测方法得到同样观测数据(结果)的可能性(李怀祖,2004),反映了避免随机误差的程度。测量信度的指标包括三种类型,分别是再测信度(Test-retest reliability)、复本信度(Parallel forms reliability)和折半信度(Internal consistency reliability)。再测信度是通过尽可能相同条件下使用相同的工具进行重复测量,根据两次测量的结果计算相关系数,该相关系数为再测信度。该指标的计算受时间的影响。复本信度是指如果某一测量可以有两个以上的复本,则可以根据同一群研究对象同时接受两个复本测量所得的分数来计算其相关系数。这种测量方法要求两个复本在形式、内容等方面应该完全一致。折半信度是将研究对象在一次测量中所得结果分为两组,计算两组分数之间的相关系数,该相关系数为折半信度。由于在实际操作中再测信度和复本信度难以执行或成本较高,且容易引起被测者的反感,因此通常使用折半信度来测量量表的信度。

效度指测量工具或手段能够准确测出所需测量事物的程度,是科学测量工具最重要的必要条件。如果一个测量工具能够测量其要测量的内容则效度高。效度的种类包括内容效度(content validity)、效标关联效度(criterion-related validity)、表面效度(face validity)和构念效度(construct validity)。

内容效度是测量内容或测量标准与测量目标之间的适合性和逻辑相符性。效标关联效度是指多个测量结果与效标的关联程度。表面效度是指测量者凭借常识或主观假设来判断一个量表测量其要测量内容的程度,这种效度具有较大的主观性,不具有理论基础,并不是真正的效度。构念效度包括聚合效度(convergent validity)和区分效度(discriminant validity)。聚合效度是指不同的观察变量是否可以用来测量同一构念,而区分效度则是指不同的构念之间是否存在显著性差异。

虽然本书所采用的量表多是在一些成熟的量表基础上形成,但是因为研究对象及研究情境不同,需要重新对这些量表进行信度和效度分析。考虑到信度检验的可行性,本书拟采用SPSS13.0进行量表的信度检验。对于量表的效度,本书主要分析量表的构念效度。同样考虑到效度分析的可行性,本书拟利用Liserl8.70软件对区域环境、集群创新能力、创新绩效等量表进行验证性因子分析,以检验这些量表的构念效度。

5.4.2 多重共线性分析

多重共线性(Multicollinearity)是指线性回归模型中的自变量之间由于存在精确相关关系或高度相关关系而使模型估计失真或难以估计准确。本书将在回归的过程中利用方差膨胀因子(VIF)来判断自变量间是否存在严重的多重共线性问题。本书将利用SPSS13.0实现上述分析。

5.4.3 描述性统计分析

在进行正式数据分析的时候,一般首先要对数据进行描述性统计分析(descriptive analysis),以发现其内在的规律,再选择进一步分析的方法。描述性统计分析要对问卷调查所收集所有变量的有关数据做统计性描述,主要包括数据的频数分析、数据的集中趋势分析、数据离散程度分析等。

相关分析（correlation analysis）是研究现象之间是否存在某种依存关系，并对具有依存关系的现象探讨其相关方向以及相关程度，是研究随机变量之间相关关系的一种统计方法。用相关系数的大小描述相关关系的程度和方向。相关系数的绝对值越高，表示变量间的相关程度越高，否则越低。鉴于本书研究的主要是等距尺度类型变量间的相关程度，因此采用 Pearson 简单相关系数来判断变量的相关程度和显著性水平。本书主要通过统计软件 SPSS13.0 实现上述分析。

5.4.4 回归分析

"回归"一词最早是由英国生物学家高尔顿（Galton）在研究遗传问题时所提出，其研究说明生物的后代有回归到历史上原来性质的倾向。因此，回归分析的方法就是一种通过变量之间的相关分析，来建立回归模型，从而根据自变量的变化来预测因变量的发展变化。事实上，在大多数的实际问题中，影响因变量变化的因素不止一个，而是多个，我们一般称这类问题为多元回归分析的问题，这也是多元统计分析各种方法中应用最为广泛的一种。简单而言，多元回归分析意指通过建立自变量与因变量之间关系的数学模型，并通过对所建立的数学模型进行 R^2 检验，F 检验以及 t 检验等，在符合判定条件的情况下将自变量数值代入回归模型，从而计算出因变量的值，即预测值（高惠漩，2005）。一般来说，回归分析包括：强制回归、向前回归、向后回归、逐步回归以及层次回归。①强制回归。先不讨论显著性的问题，而直接将自变量代入回归模型中检验，然后再来检查各自变量对因变量的影响。②向前回归。先将第一个变量代入回归模型，然后探讨它的显著性问题，如果检验通过，则保留该变量；反之，则将该变量进行剔除。依此类推，直到最后得到一个完整的回归模型。③向后回归。与向前回归的过程相反，先将所有的自变量全部代入回归模型，然后再来探讨该模型的显著性问题。如果该模型的显著性通过检验，则再来探讨各自变量的显著性问题。具体来说，如果自变量系数的显著性检验通过，则就保留该变量；否则就剔除该自变量。依次类推，逐步探讨剩余的自变量，留下的自变量的数量会越来越少，最后得到了一个最简单的回归模型。④逐步回归。基本思想是：将自变量一个个地引入，其条件是偏回归平方和的检验要显著。在引入新变量的同时，对已经引入的变量逐个进行检验，从而将不显著的剔出，这样就能保证最后所得到的变量都是显著的。经过若干步的检验，就得到了最优的变量子集。⑤层次回归。先将控制变量代入，然后探讨控制变量的变化所引起的因变量的方差（Variance），然后在控制住这些变量影响的基础上，依次代入自变量来研究回归分析模型的总体变化以及对代入的自变量的作用进行适当评价。总体来说，前四种回归方法都是较为常用的方法，都有一个共有缺陷：难以区分控制变量与自变量的影响。这与研究"MAXMINCON"的原则不相符合，从而不能准确地区分导致因变量方差（Variance）的各个自变量所起的具体作用，而层次回归的分析方法正好可以弥补这一缺陷（刘海建，2005）。目前，国内外学者一般都是采用这种层次回归分析的方法，本书也不例外。此外，本书还将根据 Baron 和 Kenny（1986）提出的中介作用判断条件对关系学习的中介作用进行研究。

5.4.5 结构方程建模

基于多元回归分析结果，本书将运用结构方程建模的方法进一步检验变量间的作用路径，确认区域环境对新兴产业集群创新绩效的影响机制。结构方程是基于变量的协方差来分析变量之间关系的一种统计方法，是综合运用多元回归分析、路径分析和验证性因子分析而形成的一种数据分析工具，具有下面优点：可以同时处理多个因变量；容许自变量和因变量含测量误差；

同时估计因子结构和因子关系；容许更大弹性的测量模型；估计整个模型的拟合程度[189]。

结构方程模型的应用可以粗略分为四个步骤：①模型建构，根据理论或以往的研究成果来建构假设的初始理论模型；②模型拟合，主要是对模型参数的估计；③模型评价，对模型与数据是否拟合进行判断；④模型修正，对不能很好地拟合数据的模型进行修正和再次设定。结构方程分析的核心是模型的拟合性，即提出的理论假设模型与实际数据拟合程度，从而对理论模型进行验证。

用于评价和选择模型的拟合指数包括：χ^2、χ^2/df、RMSEA、SRMR、NFI、NNFI或TLI、CFI、GFI、AGFI等。一般来说，要保证模型的拟合效果良好，至少需要达到一个以上的参数标准（Breckler，1990）。借鉴侯杰泰、温忠麟和成子娟（2004），本书将综合运用绝对拟合指数与相对拟合指数进行模型评价，选取χ^2/df、RMSEA、CFI等指标作为评价模型的拟合指数，具体判别标准如下：

表5.7 结构方程拟合指数标准

拟合优度指标	取值范围	建议值
自由度（df）		
Normal Theory Weighted Least Squares Chi-Square	以卡方值 P>0.05 为标准	
卡方检验（χ^2/df）	0 以上	小于等于5
近似误差均方根（RMSEA）	0 以上	小于0.1
残差均方根（RMR）	0 以上	小于0.05
正规拟合指数（NFI）	0~1 之间	大于0.9
非正规拟合指数（NNFI）		
比较拟合指数（CFI）	0~1 之间	大于0.9
增量拟合指数（IFI）	0 以上，大多在 0~1 之间	大于0.9
相对拟合指数（RFI）	0~1 之间	大于0.9
拟合优度指数（GFI）	0~1 之间，可能出现负值	大于0.9

5.5　本章小结

本章从问卷设计、变量测度、样本选择和数据采集以及分析方法等四个方面进行了论述。在问卷设计中,本书尽量采用科学合理的步骤和方法,尽可能排除干扰因素的影响。在变量的测度上,本书参阅了大量相关研究,尽量参照已有文献对相关变量的测量方法,并结合调研情况确立各变量的初始测量量表。对初始量表进行了小规模测试,用获取的 28 份小样本有效问卷对初始量表进行了信度和效度评价,删除和净化初始测度量表中的垃圾项目。在数据收集过程中,采取了多种方式对问卷发放和回收过程进行管理,确保所获数据的可靠性和有效性。在数据整理和样本描述部分,本书对样本的特性和分布情况进行了描述。在分析方法中,本书对所涉及的主要分析方法和参照标准进行了描述。本部分的研究,为进一步的大规模实证研究提供了操作上和方法论方面的基础。在下一章,本书将基于已获取的数据,运用上述分析方法和标准,对第 4 章提出的假设进行实证检验。

第6章 实证分析和统计检验

本章主要是运用第 5 章所阐述的方法对收集到的数据进行分析和处理，并就相关分析结果对第 4 章构建的理论模型进行实证检验。主要内容包括对量表进行信度和效度检验，以及在此基础上进行相关分析、回归分析等，检验假设是否成立。最后对检验结果展开讨论。

6.1 信度和效度检验

从研究方法来看，评估者考察某项研究的科学性及其价值，主要关心两项指标：信度和效度。其中信度代表的是测量的稳定性和可靠性，效度则是测量分数的意义、价值与应用性。只有满足信度和效度要求的实证研究，其结果才具有可信度，并有说服力（李怀祖，2006）。一般来讲信度是测量的先决条件，而效度则是衡量测量质量的充分条件。本书将从量表的构思层次化入手，计算每个变量的题项——总体相关系数，Cronbach α^1 系数，根据其内部结构的一致性程度，对各子量表的信度进行检验。此外，本书还将对模型中区域环境、集群创新能力和集群创新绩效三大变量依次进行因子分析，以判断同一变量的不同测度项是否能够比较准确地反映出上述几个变量的特性，并结合验证性因子分析检验各子量表的聚合效度和区分效度，从而通过效度检验。

6.1.1 区域环境的信度和效度检验

1. 因子分析适当性考察

利用 SPSS13.0 对测量区域环境的量表所包含的 14 个题项进行探索性因子分析（Exploratory Factor Analysis，EFA）。首先采用 KMO 值和 Bartlett 球形检验判断数据是否适宜进行因子分析。KMO 值为 0.945（大于 0.9），Bartlett 球形检验显著（$p<0.001$），表明适宜进行因子分析。接着采用主成分分析的方法并萃取因素特征值（Eigen value）大于 1 的因子个数（荷载小于 0.4 的不显示），并采用最大方差法（Varimax）进行旋转，结果显示 4 个因子完全按照事先的估计析出，而且不存在交叉负荷现象。四个因子和量表事先的设想一致，分别为创新要素环境因子、社会文化环境因子、区域政策环境因子和集群氛围环境因子，表现出了较好的区分效度。而且 4 个因子累计解释的变异量达到 78.5%，表现出了较好的构思效度。

表 6.1 区域环境变量的因子分析

区域环境量表各题项	提取因子			
	1	2	3	4
所属产业集群的财物资源状况良好	0.808			
所属产业集群的人才资源状况良好	0.686			
所属产业集群的技术实力很强	0.673			
集群区域创业文化氛围浓厚		0.564		
集群区域人们对新鲜事物接受度高		0.775		
集群区域人们都认为创新是获得成功的重要途径		0.793		
本企业所属产业集群的市场环境维护状况良好			0.728	
本企业所属产业集群的政府指导状况良好（主要是指信息供给，公共服务平台，劳动力培训等）			0.709	

续表

区域环境量表各题项	提取因子			
	1	2	3	4
本企业所属产业集群发展的政策支持状况良好			0.821	
集群内企业在交往过程中经常表现出坦率与真诚				0.767
集群内企业对其他企业所提供的信息非常信任				0.805
集群内企业都衷心希望其他企业获得成功				0.755
集群内企业在进行决策时都充分考虑到其他企业的利益				0.754
集群内进行合作的企业都非常可靠				0.760
特征值（Eigenvalue）	3.732	2.508	2.470	2.279
方差贡献率（%）	26.656	17.915	17.640	16.279
累计方差贡献率（%）	26.656	44.571	62.211	78.490

注：因子抽取方法：主成分法；旋转方法：方差最大旋转法。

2. 信度分析

如前文所述，本书采用 Cronbach α 系数，并结合题项对总体的相关系数（CITC）为指标判断量表的信度。根据 Nunnally（1978）的观点，Cronbach α 系数大于 0.9 为信度非常好，在 0.7 和 0.9 之间代表高信度，在 0.35 和 0.7 之间代表中等信度，小于 0.35 代表低信度，具体而言，他认为基础研究的 Cronbach α 系数需达到 0.8 才可接受，而探索性研究只要达到 0.7 即可接受。而 Devellis（1991）则认为，该系数介于 0.6 和 0.65 之间最好不要，介于 0.66 和 0.7 之间具有最小可接受性，介于 0.7 和 0.8 之间相当好，介于 0.8 和 0.9 之间是非常好。一般来讲多数学者认为 0.7 是一个合适的标准阈值（Boek 等，2005；Nunnally，1978；1994）。本书也选用 0.7 作为可接受的信度标准。下面的分析便以 Cronbach α 系数及题项对总体的相关系数（CITC）为指标，对区域环境量表运用统计分析软件 SPSS13.0，分别检验各个因素的信度值，结果如表 6.2 所示。

表 6.2 区域环境变量的信度分析

区域环境	题项	题项——总体相关系数	删除该题项后的 Cronbach α 系数	Cronbach α 系数
创新要素环境	要素1	0.761	0.834	0.879
	要素2	0.771	0.825	
	要素3	0.769	0.828	
社会文化环境	文化1	0.666	0.818	0.840
	文化2	0.727	0.757	
	文化3	0.740	0.750	
区域政策环境	政策1	0.791	0.826	0.885
	政策2	0.786	0.830	
	政策3	0.757	0.855	
集群氛围环境	氛围1	0.719	0.902	0.910
	氛围2	0.812	0.883	
	氛围3	0.783	0.888	
	氛围4	0.801	0.884	
	氛围5	0.754	0.894	
量表整体	14 条项目			0.947

结果显示：总量表的信度达到了 0.947，信度相当好。所有量表的 Cronbach α 系数均达到 0.8 以上，其中集群氛围环境的信度指标达到 0.9 以上。题项与总体的相关系数值最小为 0.666，表现出了较高的相关性。这两个指标均说明测量区域环境变量的量表具有很好的信度保证。

3. 验证性因子分析

验证性因子分析（CFA）试图检验观测变量的因子个数和因子载荷是否与基于预先所建立理论的预期一致。本书将利用软件 Lisrel8.70 进行验证性因子分析，对各个测量项目进行评估，并通过模型的拟合指数判断本书的测量模型是否与数据相匹配，从而判断所涉及量表的聚合效度。

聚合效度是指不同的观察变量是否可以用来测量同一构念。对于聚合效度的判断可以由 CFA 的拟合指数和标准化因子负荷系数进行检验（Mueller,

1996)。可以参考的拟合指数有很多，常用的拟合指数包括卡方统计量 χ^2、GFI、RMSEA、NFI、CFI、IFI 等。当相应的拟合指数满足相应的标准时可以认为聚合效度较好。具体标准参考表 5.7。标准化的因子负荷值应大于 0.45，而且其 t 值要显著（Jöreskog & Sörbom，1988）。

对区域环境量表的 14 个题项利用软件 Lisrel8.70 进行验证性因子分析，得到表 6.3 的测量模型拟合优度指数以及表 6.4 的各个指标的标准化后的负载及其 t 值。

表 6.3　区域环境测量模型的拟合优度

拟合优度指标	取值范围	建议值	结果
自由度（df）			71
卡方值	以 P > 0.05 为标准		252.48（P = 0.00）
卡方检验（χ^2/df）	0 以上	小于等于 5	3.556
近似误差均方根（RMSEA）	0 以上	小于 0.1	0.091
残差均方根（RMR）	0 以上	小于 0.05	0.0364
正规拟合指数（NFI）	0~1 之间	大于 0.9	0.971
非正规拟合指数（NNFI）			0.972
比较拟合指数（CFI）	0~1 之间	大于 0.9	0.978
增量拟合指数（IFI）	0 以上，大多在 0~1 之间	大于 0.9	0.978
相对拟合指数（RFI）	0~1 之间	大于 0.9	0.962
拟合优度指数（GFI）	0~1 之间，可能出现负值	大于 0.9（大于 0.85 也可接受）	0.881

由表 6.3 可知，测量模型的 GFI、CFI、NFI 等拟合优度指数均符合相应的要求，这些拟合优度指标值表明，本书中的构念具有较好的聚合效度。此外从表 6.4 中可以看出，所有的路径系数都不低于 0.771（t 值为 14.728[①]），t 值的绝对值均大于 1.96，表明所有指标都在各自计量概念上达到 p < 0.05

---

① 要求路径系数的 t 值都大于 2.0（Anderson & Gerbing，1988）。

的显著水平,且标准化因子荷载值都介于 0.771~0.903 之间,大于门槛值 0.45。这些都进一步说明本书的测量具有较好的聚合效度。

表 6.4 区域环境测量模型负载

构念及其指标	负载	t 值
创新要素环境		
所属产业集群的财物资源状况良好	0.830	16.355
所属产业集群的人才资源状况良好	0.903	18.742
所属产业集群的技术实力很强	0.888	18.242
社会文化环境		
集群区域创业文化氛围浓厚	0.831	16.241
集群区域人们对新鲜事物接受度高	0.846	16.685
集群区域人们都认为创新是获得成功的重要途径	0.853	16.907
区域政策环境		
本企业所属产业集群的市场环境维护状况良好	0.903	18.779
本企业所属产业集群的政府指导状况良好（主要是指信息供给、公共服务平台、劳动力培训等）	0.902	18.731
本企业所属产业集群发展的政策支持状况良好	0.851	17.031
集群氛围环境		
集群内企业在交往过程中经常表现出坦率与真诚	0.771	14.728
集群内企业对其他企业所提供的信息非常信任	0.885	18.239
集群内企业都衷心希望其他企业获得成功	0.883	18.156
集群内企业在进行决策时都充分考虑到其他企业的利益	0.892	18.454
集群内进行合作的企业都非常可靠	0.809	15.818

6.1.2 集群创新能力的信度和效度检验

1. 因子分析适当性考察

利用 SPSS13.0 对测量区域环境的量表所包含的 11 个题项进行探索性因子分析。首先采用 KMO 值和 Bartlett 球形检验判断数据是否适宜进行因子分析。KMO 值为 0.927（大于 0.9），Bartlett 球形检验显著（$p < 0.001$），表明适宜进行因子分析。接着采用主成分分析的方法并萃取因素特征值（Eigenvalue）大于 1 的因子个数（荷载小于 0.4 的不显示），并采用最大方差法（Varimax）进行旋转，结果显示 2 个因子完全按照事先的估计析出，而且不存在交叉负荷现象。2 个因子和量表事先的设想一致，分别为企业创新能力因子、合作创新能力因子，表现出了较好的区分效度。而且 2 个因子累计解释的变异量达到 74.5%，表现出了较好的构思效度。

表 6.5 集群创新能力变量的因子分析

集群创新能力量表各题项	因子个数	
	1	2
本企业会迅速发现顾客需求	0.761	
本企业会持续推出丰富而多样化的产品或服务	0.719	
本企业很重视知识产权及专利的申请与保护	0.746	0.442
本企业的研发费用投入持续增加	0.832	
本企业会持续添置新设备，以提升生产或工作效率	0.823	
本企业常引进或开发更具效率的制造工艺从事生产	0.783	
在合作创新活动中，本企业会与其他企业共同克服合作中的困难		0.808
在合作创新活动中，本企业会与其他企业共同解决创新中的问题		0.823
本企业和高校、科研院所的合作紧密		0.764
本企业能充分利用公共研发、测试等平台		0.801
本企业与政府部门保持良好的关系		0.793
特征值（Eigenvalue）	4.192	3.997
方差贡献率（%）	38.111	36.340
累计方差贡献率（%）	38.111	74.450

2. 信度分析

对集群创新能力量表运用统计分析软件 SPSS13.0，以 Cronbach α 系数及题项对总体的相关系数（CITC）为指标，分别检验各个因素的信度值，结果如表 6.6 所示。

表6.6 集群创新能力变量的信度分析

集群创新能力	题项（简写）	题项——总体相关系数	删除该题项后Cronbach α系数	Cronbach α系数
企业创新能力	迅速发现顾客需求	0.781	0.914	0.926
	推出丰富而多样化的产品或服务	0.814	0.910	
	重视知识产权及专利的申请与保护	0.810	0.910	
	研发费用投入持续增加	0.818	0.909	
	添置新设备，以提升生产或工作效率	0.787	0.913	
	引进或开发更具效率的制造工艺	0.718	0.922	
合作创新能力	与其他企业共同克服合作中的困难	0.755	0.903	0.916
	与其他企业共同解决创新中的问题	0.795	0.894	
	和高校、科研院所的合作紧密	0.749	0.904	
	能充分利用公共研发、测试等平台	0.810	0.892	
	与政府部门保持良好的关系	0.814	0.891	
量表整体	共11条项目			0.944

结果显示：总量表的信度达到了0.944，信度相当好。所有量表的Cronbach α系数均达到0.9以上，均表现出了理想信度。题项与总体的相关系数值最小为0.718，表现出了较高的相关性。这两个指标均说明测量集群创新能力变量的量表具有很好的信度保证。

3. 验证性因子分析

对集群创新能力量表的11个题项利用软件Lisrel8.70进行验证性因子分析，得到表6.7的测量模型拟合优度指数以及表6.8的各个指标标准化后的负载及其t值。

表6.7 集群创新能力测量模型的拟合优度（N=268）

	χ^2/df	RMSEA	RMR	NFI	NNFI	CFI	RFI	IFI	GFI
集群创新能力	3.67	0.096	0.0415	0.946	0.940	0.953	0.931	0.953	0.839

由表6.7可知，测量模型的GFI、CFI、NFI等拟合优度指数均符合相应

的要求，这些拟合优度指标值表明，本书中的构念具有较好的聚合效度。此外从表 6.8 中可以看出，所有的路径系数都不低于 0.762（t 值为 14.50），t 值的绝对值均大于 1.96，表明所有指标都在各自计量概念上达到 $p<0.05$ 的显著水平，且标准化因子荷载值都介于 0.762～0.898 之间，大于门槛值 0.45。这些都进一步说明对集群创新能力的测量模型具有较好的聚合效度。

表 6.8 集群创新能力测量模型负载

构念及其指标	负载	t 值
企业创新能力		
迅速发现顾客需求	0.844	16.92
推出丰富而多样化的产品或服务	0.880	18.11
重视知识产权及专利的申请与保护	0.887	18.33
研发费用投入持续增加	0.877	18.01
添置新设备，以提升生产或工作效率	0.817	16.09
引进或开发更具效率的制造工艺	0.762	14.50
合作创新能力		
与其他企业共同克服合作中的困难	0.845	16.90
与其他企业共同解决创新中的问题	0.869	17.69
和高校、科研院所的合作紧密	0.823	16.25
能充分利用公共研发、测试等平台	0.867	17.65
与政府部门保持良好的关系	0.898	18.69

6.1.3 集群创新绩效的信度和效度检验

1. 因子分析适当性考察

利用 SPSS13.0 对集群创新绩效量表所包含的 5 个题项进行探索性因子分析。首先采用 KMO 值和 Bartlett 球形检验判断数据是否适宜进行因子分析。结果是 KMO 值为 0.897（大于 0.85），Bartlett 球形检验显著（$p<0.001$），

表明适宜进行因子分析。接着采用主成分分析的方法并萃取因素特征值（Eigen value）大于1的因子个数（荷载小于0.4的不显示），并采用最大方差法（Varimax）进行旋转，共提取出一个特征根大于1的因子，因子累计可解释的变异量达到78.602%，表现出了较高的构思效度。

表6.9 集群创新绩效变量的因子分析

题项：近三年来，本企业相对于竞争对手而言	因子 1
本企业的新产品数量多	0.868
本企业的专利（软件著作权）申请数量多	0.909
本企业的新产品开发速度快	0.896
本企业的市场占有率高	0.878
本企业的获利能力强	0.882
方差贡献率（%）	78.602

2. 信度分析

对集群创新绩效量表运用统计分析软件SPSS13.0，以Cronbach α系数及题项对总体的相关系数（CITC）为指标，分别检验各个因素的信度值，结果如表6.10所示。

表6.10 集群创新绩效变量的信度分析

创新绩效（题项简写）	题项——总体相关系数	删除该题项后Cronbach α系数	Cronbach α系数
本企业的新产品数量多	0.792	0.921	0.932
本企业专利（软件著作权）申请数量多	0.852	0.910	
本企业的新产品开发速度快	0.833	0.913	
本企业的市场占有率高	0.807	0.918	
本企业的获利能力强	0.812	0.918	

结果显示：量表的信度达到了0.932，信度相当好。题项与总体的相关

系数值最小为 0.792，表现出了较高的相关性。这两个指标均说明测量集群创新绩效的量表具有很好的信度保证。

3. 验证性因子分析

对集群创新绩效的 5 个题项利用软件 Lisrel8.70 进行验证性因子分析，得到表 6.11 的测量模型拟合优度指数以及表 6.12 的各个指标标准化后的负载及其 t 值。

表 6.11　集群创新绩效测量模型的拟合优度（N=268）

	χ^2/df	RMSEA	RMR	NFI	NNFI	CFI	RFI	IFI	GFI
集群创新绩效	4.68	0.089	0.0189	0.985	0.977	0.988	0.971	0.988	0.965

由表 6.11 可知，测量模型的 GFI、CFI、NFI 等拟合优度指数均符合相应的要求，这些拟合优度指标值表明，本书中的构念具有较好的聚合效度。此外从表 6.12 中可以看出，所有的路径系数都不低于 0.855（t 值为 17.28），t 值的绝对值均大于 1.96，表明所有指标都在各自计量概念上达到 $p<0.05$ 的显著水平，且标准化因子荷载值都介于 0.855~0.916 之间，远大于门槛值 0.45。这些都进一步说明对集群创新绩效的测量模型具有较好的聚合效度。

表 6.12　集群创新绩效测量模型负载

构念及其指标集群创新绩效（题项简写）	负载	t 值
本企业的新产品数量多	0.855	17.28
本企业专利（软件著作权）申请数量多	0.916	19.40
本企业的新产品开发速度快	0.899	18.76
本企业的市场占有率高	0.858	17.38
本企业的获利能力强	0.868	17.69

6.2 相关分析和多重共线性分析

6.2.1 相关分析

进行回归分析之前对各研究变量进行相关分析,结果如表 6.13 所示。从表中可以看出各区域环境要素与集群创新能力以及集群创新绩效之间均具有显著的相关关系,集群创新能力的两个关键因子企业创新能力、合作创新能力与集群创新绩效之间也存在显著的相关关系,这为本书的预期假设提供了初步证据。但相关关系仅表明变量间是否存在关系,不一定表示变量间有因果关系的存在。本书在对变量进行相关分析的基础上,通过对观察变量的最大值、最小值以及标准差的分析,发现研究所涉及的变量均有足够程度的变异,适合进行实证分析。后文将采用多元线性回归以及结构方程建模的方法对各研究变量之间的关系进行更精确的分析,以验证前面提出的区域环境对集群创新绩效的影响及作用机制的理论假设。

表 6.13 各变量的描述统计及相关分析

变量简称	1	2	3	4	5	6	7	8	9	10	11
行业类型	1										
企业年龄	−0.232*	1									
年均收入	−0.261*	0.679**	1								
集群年限	−0.238*	0.654**	0.539**	1							
要素环境	0.056	0.131*	0.190**	0.186**	1						
文化环境	0.009	0.120*	0.174**	0.190**	0.489**	1					

续表

变量简称	1	2	3	4	5	6	7	8	9	10	11
政策环境	0.086	0.043	0.168**	0.094	0.567**	0.564**	1				
集群氛围	0.040	0.049	0.066	0.116	0.460**	0.487**	0.485**	1			
企业能力	−0.091	0.142*	0.152*	0.171**	0.568**	0.526**	0.572**	0.576**	1		
合作能力	0.096	0.061	0.101	0.007	0.501**	0.480**	0.530**	0.544**	0.463**	1	
集群绩效	−0.050	0.180**	0.234**	0.173**	0.598**	0.547**	0.634**	0.531**	0.655**	0.532**	1
Max	10	5	5	5	5	5	5	5	5	5	5
Min	1	1	1	1	1	1	1	1	1	1	1
Average	4.787	2.119	2.082	2.194	3.638	3.702	3.657	3.433	3.855	3.500	3.687
Std.	2.884	1.245	1.310	1.098	0.951	0.891	0.972	0.928	0.989	0.985	1.032

注：** Correlation is significant at the 0.01 level (2−tailed). * Correlation is significant at the 0.05 level (2−tailed).

6.2.2 多重共线性检验

多重共线性表现为解释变量之间具有显著的相关关系，多重共线性的出现会给回归分析与线性结构分析带来困难，造成回归参数无法准确估计，即解释变量的影响程度计算困难，严重的多重共线性意味着模型设定、变量选择及数据收集的错误。因此在正式的统计分析之前，需要对解释变量之间是否存在多元共线性做出检验，这也是进行回归分析和线性结构分析的基本要求（邱皓政，2004）。一般来说，可以采用容忍度（Tolerance）和方差膨胀因子（Varianinnationractor，VIF）衡量是否存在多重共线性问题。方差膨胀因子是容忍度的倒数，即Toleranee越小、VIF越大。Myers（1990）认为当方差膨胀因子小于10是可以接受的，否则需要去除或合并变量来避免估计问题。一般认为，当容许度大于0.1，即方差膨胀因子 $0 < VIF < 10$ 时，变量间的共线性不大，可以接受（谢凤华，2005）；当 $10 \leq VIF < 100$ 时，存在着较强的多重共线性；当 $VIF \geq 100$ 时，存在着严重的多重共线性。本书采用SPSS13.0来分析解释变量以及控制变量之间是否具有严重的多重共线性问

题，方差膨胀因子（VIF）如表 6.14 所示。从表中可以看出，VIF 指数最小为 1.185，最大为 2.991，均大于 0 而且小于 10，因而本书所涉及变量间不存在严重的多重共线性问题。

表 6.14 方差膨胀因子（VIF）值

共线性统计量	行业类型	公司年龄	年均销售收入	集群年限	要素环境	文化环境	政策环境	集群氛围	企业能力	合作能力
容忍度	0.844	0.408	0.485	0.516	0.377	0.420	0.386	0.413	0.334	0.423
VIF	1.185	2.451	2.060	1.937	2.651	2.380	2.594	2.420	2.991	2.361

变量间相关分析及多重共线性问题的检验结果表明，可进行变量间的层次回归分析。接下来将首先就各区域环境因素对集群创新绩效的影响关系进行回归分析验证；其次就这些环境对集群创新能力的影响关系进行回归分析验证；最后分别就集群创新能力分别对创新要素环境、社会文化环境、区域政策环境、集群氛围环境与集群创新绩效关系的中介作用进行验证分析。

6.3 多元回归分析

多元线性回归是分析一个随机变量与多个变量之间线性关系最常用的统计方法，该方法用变量的观察数据拟合所关注的变量和影响它变化的变量之间的线性关系式，检验影响变量的显著程度并比较它们的作用大小，进而用两个或多个变量的变化解释和预测另一个变量的变化。在多元线性回归分析中，SPSS 提供五种选取变量的方法，Hower（1987）等学者综合多人观点，认为研究者应该优先使用层次回归分析法或逐步多元回归分析法。不过由于本书所归纳的每一个解释变量都是基于理论检视所提出的重要变量,若采用逐步回归法,则有违解释型回归分析对全体独立变量相互比较与复杂关系探讨的初衷。因此,本书根据模型特点采用层次回归分析法。

在进行层次回归分析时,要留意"共线性"问题,因为共线性问题影响了每一个解释变量对于因变量解释力的估计。上文已结合容忍度和 VIF 考察了多重共线性的问题,结果表明可进行变量间的层次回归分析。

6.3.1 直接效应的验证

6.3.1.1 区域环境对集群创新绩效的影响

为了验证不同类型的区域环境与集群创新绩效的关系,本书运用软件 SPSS13.0 采用普通最小二乘法对相关变量进行层次回归分析,结果如表 6.15 所示。模型 1 是仅有控制变量:行业类型、企业年龄、企业年均销售收入和集群年限的回归分析结果,模型 2 是加入自变量:创新要素环境、社会文化环境、区域政策环境和集群氛围环境后的回归分析结果。为了验证集群氛围环境与集群创新绩效的倒 U 型关系,继续加入集群氛围环境的平方以后形成了模型 3。结果表明,仅考虑控制变量对集群创新绩效变异的解释为 0.059 ($R^2 = 0.059$,$F = 4.134^{**}$,$p < 0.01$);放入创新要素环境、社会文化环境、区域政策环境和集群氛围环境后,对集群创新绩效的解释显著增加($\Delta R^2 = 0.614$,F change $= 121.884^{***}$,$p < 0.001$);最后加入集群氛围环境的平方项后,对集群创新绩效的解释能力也显著增加($\Delta R^2 = 0.008$,F change $= 6.550^{**}$,$p < 0.01$)。

表 6.15 区域环境与集群创新绩效的层级回归分析结果

变量	因变量 集群创新绩效					
	模型 1		模型 2		模型 3	
	β	Sig.	β	Sig.	β	Sig.
控制变量						
行业类型	0.013	0.831	-0.092*	0.015	-0.082*	0.028
企业年龄	-0.007	0.936	0.082	0.136	0.067	0.224
企业年均销售收入	0.204*	0.015	0.044	0.390	0.039	0.440
集群年限	0.074	0.359	-0.053	0.272	-0.063	0.195
自变量						
创新要素环境			0.350***	0.000	0.345***	0.000
社会文化环境			0.099+	0.094	0.092+	0.119
区域政策环境			0.294***	0.000	0.296***	0.000
集群氛围环境			0.163**	0.003	0.651***	0.001
倒 U 关系						
集群氛围^2					-0.488**	0.009
R^2	0.059		0.674		0.682	
F	4.134**	0.003	66.809***	0.000	61.386***	0.000
ΔR^2	0.059		0.614		0.008	
F change	4.134**	0.003	121.884***	0.000	6.550**	0.009

注：***Sig. < 0.001，**Sig. < 0.01，*Sig. < 0.05，+ Sig. < 0.1。

通过分析各自变量与集群创新绩效的回归结果验证不同类型环境对集群创新绩效的影响及其差异。①创新要素环境对集群创新绩效有显著正向影响（β = 0.350，p < 0.001），假设 1-1 得到了验证。②社会文化环境对集群创新绩效有显著正向影响（β = 0.099，p < 0.1），假设 1-2 得到了验证。③区域政策环境对集群创新绩效有显著正向影响（β = 0.294，p < 0.001），假设 1-3 得到了验证。④集群氛围环境对集群创新绩效有显著正向影响（β = 0.163，p < 0.01），但是其平方项对集群创新绩效存在显著负向影响（β = -0.488，

$p<0.01$),表明集群氛围环境对集群创新绩效的影响呈倒 U 型曲线,即在集群区域中随着集群企业间关系嵌入的增强,集群创新绩效会随之增加,但当这种关系嵌入达到一定临界水平以后,继续增加将会导致集群创新绩效的降低,假设 1-4 得到了验证。另外,模型 2 回归分析结果显示,在 4 种环境中,创新要素环境对集群创新绩效的影响最强($\beta=0.350$,$p<0.001$);区域政策环境次之,标准化回归系数为 0.294($p<0.001$);社会文化环境的影响最弱,标准化回归系数为 0.099($p<0.1$)。比较模型 2 和模型 3 的回归分析结果,可以发现,加入集群氛围平方项后,集群氛围环境的标准化回归系数由 $\beta=0.163$($p<0.01$)提高到 0.651($p<0.001$),而且 ΔR^2 变化显著。

6.3.1.2 区域环境对集群创新能力的影响

1. 区域环境对企业创新能力的影响

为了验证不同类型的区域环境与集群内企业自身创新能力之间的关系,本书继续运用软件 SPSS13.0 采用普通最小二乘法对相关概念进行回归分析,结果如表 6.16 所示。模型 1 是仅有控制变量:行业类型、企业年龄、企业年均销售收入和集群年限的回归分析结果,模型 2 是加入自变量:创新要素环境、社会文化环境、区域政策环境和集群氛围环境后的回归分析结果。为了验证集群氛围环境与企业创新能力的倒 U 型关系,继续加入集群氛围环境的平方以后形成了模型 3。结果表明,仅考虑控制变量对企业创新能力的解释为 0.042($R^2=0.042$,$F=2.876^*$);放入创新要素环境、社会文化环境、区域政策环境和集群氛围环境后,对企业创新能力的解释有显著增加($\Delta R^2=0.671$,F change $=151.104^{***}$);最后加入集群氛围环境的平方项后,对企业创新能力的解释也有显著增加($\Delta R^2=0.005$,F change $=4.801^{***}$)。

表 6.16　区域环境与企业创新能力的层级回归分析结果

变量	中介变量					
	企业创新能力					
	模型 1		模型 2		模型 3	
	β	Sig.	β	Sig.	β	Sig.
控制变量						
行业类型	-0.036	0.564	-0.145***	0.000	-0.138***	0.000
企业年龄	-0.008	0.928	0.083	0.108	0.071	0.172
企业年均销售收入	0.066	0.435	-0.087+	0.067	-0.091+	0.054
集群年限	0.155+	0.059	0.029	0.529	0.021	0.638
自变量						
创新要素环境			0.312***	0.000	0.308***	0.000
社会文化环境			0.001	0.984	-0.005	0.487
区域政策环境			0.319***	0.000	0.320***	0.000
集群氛围环境			0.310***	0.000	0.703***	0.001
倒 U 关系						
集群氛围^2					-0.393*	0.029
R^2	0.042		0.713		0.718	
F	2.876*	0.023	80.272***	0.000	72.934***	0.000
ΔR^2	0.042		0.671		0.005	
F change	2.876*	0.023	151.104***	0.000	4.801*	0.029

注：***Sig. < 0.001，**Sig. < 0.01，*Sig. < 0.05，+Sig. < 0.1。

通过分析各自变量或其平方项与企业创新能力的回归结果验证不同类型区域环境与企业创新能力的关系。①创新要素环境对企业创新能力有显著正向影响（β=0.312，p<0.001），假设 2-1a 得到了验证。②社会文化环境对企业创新能力影响不显著（β=0.001，p>0.1）。因此，拒绝假设 2-2a。③区域政策环境对企业创新能力有显著正向影响（β=0.319，p<0.001），假设 2-3a 得到了验证。④集群氛围环境对企业创新能力有显著正向影响（β=0.310，p<0.001），且其平方项对企业创新能力存在显著负向影响

($\beta = -0.393$,$p < 0.05$)。因此集群氛围环境与企业创新能力存在倒 U 型曲线关系,即随着集群企业间关系嵌入的程度增加,企业创新能力会随之增加,但当这种关系嵌入达到一定临界值以后,继续增加将会导致企业创新能力的降低。假设 2-4a 得到了验证。

2. 区域环境对合作创新能力的影响

本书运用软件 SPSS13.0,采用普通最小二乘法,对不同类型的区域环境与集群内企业合作创新能力之间的关系进行回归分析,结果如表 6.17 所示。模型 1 是仅有控制变量:行业类型、企业年龄、企业年均销售收入和集群年限的回归分析结果,模型 2 是加入自变量:创新要素环境、社会文化环境、区域政策环境和集群氛围环境后回归分析结果。结果表明,仅考虑控制变量对合作创新能力的解释为 0.030（$R^2 = 0.030$,$F = 2.052^+$）；放入创新要素环境、社会文化环境、区域政策环境和集群氛围环境后,对合作创新能力的解释有较大的增加（$\Delta R^2 = 0.607$,$F\ change = 108.162^{***}$）。

表 6.17　区域环境与合作创新能力的层级回归分析结果

变量	中介变量			
	合作创新能力			
	模型 1		模型 2	
	β	Sig.	β	Sig.
控制变量				
行业类型	0.137*	0.032	0.039	0.320
企业年龄	0.059	0.525	0.140*	0.017
企业年均销售收入	0.115	0.174	-0.016	0.768
集群年限	-0.022	0.786	-0.144**	0.005
自变量				
创新要素环境			0.179**	0.006
社会文化环境			0.075	0.232
区域政策环境			0.262***	0.000
集群氛围环境			0.385***	0.000

续表

变量	中介变量			
	合作创新能力			
	模型1		模型2	
	β	Sig.	β	Sig.
R^2	0.030		0.637	
F	2.052 +	0.088	56.779 ***	0.000
ΔR^2	0.030		0.607	
F change	2.052 +	0.088	108.162 ***	0.000

注：*** Sig. < 0.001, ** Sig. < 0.01, * Sig. < 0.05, + Sig. < 0.1。

通过分析各自变量与合作创新能力的回归结果，验证不同类型区域环境与企业创新能力的关系。①创新要素环境对合作创新能力有显著正向影响（β=0.179，p<0.01），假设2-1b得到了验证。②社会文化环境对合作创新能力的影响不显著（β=0.075，p>0.1）。拒绝假设2-2b。③区域政策环境对合作创新能力有显著正向影响（β=0.262，p<0.001），假设2-3b得到了验证。④集群氛围环境对合作创新能力有显著正向影响（β=0.385，p<0.001），假设2-4b得到了验证。

6.3.1.3 集群创新能力对集群创新绩效的影响

为了验证集群创新能力与集群创新绩效的关系，本书继续运用软件SPSS13.0采用普通最小二乘法对相关概念进行回归分析，结果如表6.18所示。模型1是仅有控制变量：行业类型、企业年龄、企业年均销售收入和集群年限的回归分析结果；模型2是在模型1的基础上加入自变量企业创新能力后的回归分析结果；模型3是在模型1的基础上加入合作创新能力后的回归分析结果。结果表明，仅考虑控制变量对集群创新绩效变异的解释为0.059（R^2=0.059，F=4.134**）；在控制变量的基础上放入企业创新能力后，对集群创新绩效的解释有显著增加（ΔR^2 = 0.623，F change =

513.663***)。在控制变量的基础上放入合作创新能力后,模型的解释力也有较大的提高($\Delta R^2 = 0.478$,F change $= 270.825^{***}$)。

表 6.18 集群创新能力与集群创新绩效的层级回归分析结果

变量	因变量 集群创新绩效					
	模型 1		模型 2		模型 3	
	β	Sig.	β	Sig.	β	Sig.
控制变量						
行业类型	0.013	0.831	0.043	0.241	-0.083^+	0.063
企业年龄	-0.007	0.936	-0.001	0.991	-0.049	0.448
企业年均销售收入	0.204^*	0.015	0.151^{**}	0.002	0.123^*	0.037
集群年限	0.074	0.359	-0.051	0.285	0.090	0.115
自变量						
企业创新能力			0.806^{***}	0.000		
合作创新能力					0.702^{***}	0.000
R^2	0.059		0.682		0.537	
F	4.134^{**}	0.003	112.486^{***}	0.000	60.865^{***}	0.000
ΔR^2	0.059		0.623		0.478	
F change	4.134^{**}	0.003	513.663^{***}	0.000	270.825^{***}	0.000

注:***Sig. < 0.001,**Sig. < 0.01,*Sig. < 0.05,$+$ Sig. < 0.1。

集群创新能力与集群创新绩效的回归结果验证了如下关系假设。①企业创新能力对集群创新绩效有显著正向影响($\beta = 0.806$,$p < 0.001$),假设 3-1 得到了验证。②合作创新能力对集群创新绩效有显著正向影响($\beta = 0.702$,$p < 0.001$),假设 3-2 得到了验证。

6.3.2 中介效应的分析

考虑自变量 X 对因变量 Y 的影响,如果 X 通过影响变量 M 来影响 Y,则称M为中介变量。中介变量代表了自变量和因变量之间的关系机制，反映的是自变量通过中介变量来体现其对因变量的影响关系（Baron等，1986）。对于中介效应的分析方法，Baron和Kenny（1986）提出了验证中介假设的方法，采用四个步骤进行：第一步，自变量与因变量的关系显著；第二步，自变量与中介变量的关系显著；第三步，中介变量与因变量的关系显著；第四步，在控制中介变量的情况下自变量与因变量的显著关系消失（完全中介），或明显减弱（部分中介）。本书6.3.1部分已完成了创新要素环境、社会文化环境、区域政策环境和集群氛围环境对企业创新能力、合作创新能力和集群创新绩效，以及企业创新能力、合作创新能力对集群创新绩效的直接效应分析，其中社会文化环境对集群创新能力的直接效应未得到验证，因此将直接拒绝4-2a，4-2b有关集群创新能力在社会文化环境和集群创新绩效间中介作用的相关假设。从而，在下面的中介效应分析时，将仅进行企业创新能力对创新要素环境、区域政策环境和集群氛围环境与集群创新绩效关系的中介效应分析。下文就将利用SPSS13.0对最后一步，即在分别控制企业创新能力和合作创新能力的情况下，对创新要素环境、区域政策环境和集群氛围环境与集群创新绩效进行回归分析，并与没有控制上述中介变量的情况下进行比较。考虑到本书自变量个数较多，为避免回归分析中变量间的交互影响，本部分将分别将企业创新能力、合作创新能力对各个自变量与因变量的中介作用进行判断，同时为了方便比较，将把前文的部分结果放入同一表格进行说明。具体做法是构建4个模型，模型1是仅加入控制变量的分析，在模型1的基础上加入将要验证的自变量，构建模型2，判断主效应；其次，在模型1的基础上加入中介变量进行回归，得到模型3，判断中介变量与因变量的关系；最后，在模型3的基础上加入自变量进行回归，得到模型4，这是在控制中介变量情况下自变量与因变量的回归模型。通过比较模型4和模型2中自变量回归系数的变化从而判断中介变量对自变量和因变量的中介效应。

6.3.2.1 企业创新能力对区域环境与集群创新绩效关系的中介效应验证

1. 企业创新能力对创新要素环境与集群创新绩效关系的中介效应验证

为验证企业创新能力在创新要素环境与集群创新绩效之间的中介作用，根据上述步骤得到4个模型，如表6.19所示。通过比较模型2和模型1，发现模型2有了显著改进（$\Delta R^2 = 0.527$，F change $= 333.327^{***}$），这说明加入创新要素环境以后能够显著提升模型的解释能力，且回归系数显著（$\beta = 0.748$，$p < 0.001$）。比较模型3和模型1，同样说明加入企业创新能力以后显著提升了模型的解释能力（$\Delta R^2 = 0.623$，F change $= 513.663^{***}$），且其回归系数显著（$\beta = 0.806$，$p < 0.001$）。模型4是控制企业创新能力以后集群创新绩效对创新要素环境的回归模型，很明显，模型4相对于模型3有了显著的改进（$\Delta R^2 = 0.038$，F change $= 35.807^{***}$），说明加入企业创新能力和创新要素环境以后，能够显著提高模型的解释能力。从模型4中可以看出集群创新绩效对创新要素环境的回归系数为（$\beta = 0.309$，$p < 0.001$），并小于集群创新绩效仅对创新要素环境进行回归的系数（模型2中的系数）（$\beta = 0.748$，$p < 0.001$），且此时集群创新绩效对企业创新能力的回归系数显著（$\beta = 0.574$，$p < 0.001$）。这表明企业创新能力在创新要素环境与集群创新绩效之间存在部分中介效应。因此，假设4-1a得到验证。

表6.19 企业创新能力对创新要素环境与集群创新绩效间关系的中介作用

变量	因变量							
	集群创新绩效							
	模型1		模型2		模型3		模型4	
	β	Sig.	β	Sig.	β	Sig.	β	Sig.
控制变量								
行业类型	0.013	0.831	−0.071⁺	0.090	0.043	0.241	−0.001	0.987
企业年龄	−0.007	0.936	0.058	0.345	−0.001	0.991	0.024	0.629

续表

变量	因变量							
	集群创新绩效							
	模型1		模型2		模型3		模型4	
	β	Sig.	β	Sig.	β	Sig.	β	Sig.
企业年均销售收入	0.204*	0.015	0.075	0.181	0.151**	0.002	0.113*	0.015
集群年限	0.074	0.359	-0.058	0.288	-0.051	0.285	-0.069	0.122
自变量								
创新要素环境			0.748***	0.000			0.309***	0.000
中介变量								
企业创新能力					0.806***	0.000	0.574***	0.000
ΔR^2	0.059		0.527		0.623		0.038①	
F change	4.134**	0.003	333.327***	0.000	513.663***	0.000	35.807***	0.000

注：***Sig.<0.001，**Sig.<0.01，*Sig.<0.05，+Sig.<0.1。

2. 企业创新能力对区域政策环境与集群创新绩效关系的中介效应验证

为验证企业创新能力在区域政策环境与集群创新绩效之间的中介作用，根据上述步骤得到4个模型，如表6.20所示。通过比较模型2和模型1，发现模型2有了显著改进（$\Delta R^2 = 0.496$，F change = 292.510***），这说明加入区域政策环境以后能够显著提升模型的解释能力，且回归系数显著（β = 0.726，p<0.001）。比较模型3和模型1，同样说明加入企业创新能力以后显著提升了模型的解释能力（$\Delta R^2 = 0.623$，F change = 513.663***），且其回归系数显著（β = 0.806，p<0.001）。模型4是控制企业创新能力以后集群创新绩效对区域政策环境的回归模型，很明显，模型4相对于模型3有了显著的改进（$\Delta R^2 = 0.032$，F change = 28.850***），说明加入区域政策环境和企业创新能力以后，能够显著提高模型的解释能力。从模型4中可以看出集群创新绩效对区域政策环境的回归系数为（β=0.273，p<0.001），并小于集群创新

---

① 这里ΔR^2是指模型4相对于模型3的变化情况，下面一些表格相同，不再一一说明。

绩效仅对区域政策环境进行回归的系数（模型2中的系数）（β=0.726, p<0.001），且此时集群创新绩效对企业创新能力的回归系数显著（β=0.606, p<0.001）。这表明企业创新能力在区域政策环境与集群创新绩效之间存在部分中介效应。因此，假设4-3a得到验证。

表6.20 企业创新能力对区域政策环境与集群创新绩效间关系的中介作用

变量	因变量							
	集群创新绩效							
	模型1		模型2		模型3		模型4	
	β	Sig.	β	Sig.	β	Sig.	β	Sig.
控制变量								
行业类型	0.013	0.831	-0.097*	0.027	-0.043	0.241	-0.006	0.868
企业年龄	-0.007	0.936	0.102	0.112	-0.001	0.991	0.039	0.453
企业年均销售收入	0.204*	0.015	0.018	0.764	0.151**	0.002	0.094*	0.048
集群年限	0.074	0.359	0.013	0.822	-0.051	0.285	-0.043	0.343
自变量								
区域政策环境			0.726***	0.000			0.273***	0.000
中介变量								
企业创新能力					0.806***	0.000	0.606***	0.000
ΔR^2	0.059		0.496		0.623		0.032	
F change	4.134**	0.003	292.510***	0.000	513.663***	0.000	28.850***	0.000

注：***Sig. < 0.001, **Sig. < 0.01, *Sig. < 0.05, + Sig. < 0.1。

3. 企业创新能力对集群氛围环境与集群创新绩效关系的中介效应验证

为验证企业创新能力在集群氛围环境与集群创新绩效之间的中介作用，同样根据上述步骤得到4个模型，如表6.21所示。通过比较模型2和模型1，发现模型2有了显著改进（$\Delta R^2 = 0.431$, F change = 110.518***），这说明考虑集群氛围环境变量后能够显著提升模型的解释能力，且集群创新绩效对集群氛围环境以及其平方的回归系数均显著（β=1.282, p<0.001；β=-0.638,

$p<0.01$)。比较模型3和模型1，同样说明加入企业创新能力以后显著提升了模型的解释能力（$\Delta R^2 = 0.623$，F change = 513.663***），且其回归系数显著（$\beta = 0.806$，$p<0.001$）。模型4是控制企业创新能力以后集群创新绩效对集群氛围环境及其平方项的回归模型，其相对于模型3有了显著的改进（$\Delta R^2 = 0.012$，F change = 5.120**），说明综合考虑企业创新能力和集群氛围环境及其平方项以后，能够显著提高模型的解释能力。从模型4中可以看出集群创新绩效对集群氛围环境的回归系数为（$\beta = 0.435$，$p<0.05$），对集群氛围环境平方项的回归系数为（$\beta = -0.287$，$p>0.1$），前者小于集群创新绩效仅对集群氛围环境的回归系数，后者已不再显著。且此时集群创新绩效对企业创新能力的回归系数显著（$\beta = 0.688$，$p<0.001$）。这表明企业创新能力在集群氛围环境与集群创新绩效之间存在部分中介效应。因此，假设4-4a得到验证。

表6.21 企业创新能力对集群氛围环境与集群创新绩效间关系的中介作用

变量	因变量							
	集群创新绩效							
	模型1		模型2		模型3		模型4	
	β	Sig.	β	Sig.	β	Sig.	β	Sig.
控制变量								
行业类型	0.013	0.831	-0.028	0.551	0.043	0.241	0.031	0.388
企业年龄	-0.007	0.936	0.007	0.918	-0.001	0.991	-0.003	0.961
企业年均销售收入	0.204*	0.015	0.161**	0.010	0.151**	0.002	0.147**	0.002
集群年限	0.074	0.359	-0.031	0.602	-0.051	0.285	-0.060	0.202
自变量								
集群氛围环境			1.282***	0.000			0.435*	0.028
集群氛围环境^2			-0.638**	0.008			-0.287	0.127
中介变量								
企业创新能力					0.806***	0.000	0.688***	0.000
ΔR^2	0.059		0.431		0.623		0.012	
F change	4.134**	0.003	110.518***	0.000	513.663***	0.000	5.120**	0.007

注：***Sig. < 0.001，**Sig. < 0.01，*Sig. < 0.05，+ Sig. < 0.1。

6.3.2.2 合作创新能力对区域环境与集群创新绩效关系的中介效应验证

1. 合作创新能力对创新要素环境与集群创新绩效关系的中介效应验证

为验证合作创新能力在创新要素环境与集群创新绩效之间的中介作用，同样根据前文所述步骤得到 4 个模型，如表 6.22 所示。通过比较模型 2 和模型 1，发现模型 2 有了显著改进（$\Delta R^2 = 0.527$，F change $= 333.327^{***}$），这说明加入创新要素环境以后能够显著提升模型的解释能力，且回归系数显著（$\beta = 0.748$，$p < 0.001$）。比较模型 3 和模型 1，同样说明加入合作创新能力以后显著提升了模型的解释能力（$\Delta R^2 = 0.478$，F change $= 270.825^{***}$），且其回归系数显著（$\beta = 0.702$，$p < 0.001$）。模型 4 是控制合作创新能力以后集群创新绩效对创新要素环境的回归模型，很明显，模型 4 相对于模型 3 有了显著的改进（$\Delta R^2 = 0.120$，F change $= 90.995^{***}$），说明加入创新要素环境和合作创新能力以后，能够显著提高模型的解释能力。从模型 4 中可以看出集群创新绩效对创新要素环境的回归系数为（$\beta = 0.489$，$p < 0.001$），并小于集群创新绩效仅对创新要素环境进行回归的系数（模型 2 中的系数）（$\beta = 0.748$，$p < 0.001$）。且此时集群创新绩效对合作创新能力的回归系数显著（$\beta = 0.372$，$p < 0.001$）。这表明合作创新能力在创新要素环境与集群创新绩效之间存在部分中介效应。因此，假设 4-1b 得到验证。

表 6.22　合作创新能力对创新要素环境与集群创新绩效间关系的中介作用

变量	因变量							
	集群创新绩效							
	模型 1		模型 2		模型 3		模型 4	
	β	Sig.	β	Sig.	β	Sig.	β	Sig.
控制变量								
行业类型	0.013	0.831	-0.071+	0.090	-0.083+	0.063	-0.093*	0.016
企业年龄	-0.007	0.936	0.058	0.345	-0.049	0.448	0.013	0.814

续表

变量	因变量							
	集群创新绩效							
	模型1		模型2		模型3		模型4	
	β	Sig.	β	Sig.	β	Sig.	β	Sig.
企业年均销售收入	0.204*	0.015	0.075	0.181	0.123*	0.037	0.077	0.133
集群年限	0.074	0.359	−0.058	0.288	0.090	0.115	−0.004	−0.939
自变量								
创新要素环境			0.748***	0.000			0.489***	0.000
中介变量								
合作创新能力					0.702***	0.000	0.372***	0.000
ΔR^2	0.059		0.527		0.478		0.120	
F change	4.134**	0.003	333.327***	0.000	270.825***	0.000	90.995***	0.000

注：***Sig. < 0.001，**Sig. < 0.01，*Sig. < 0.05，+ Sig. < 0.1。

2. 合作创新能力对区域政策环境与集群创新绩效关系的中介效应验证

为验证合作创新能力在区域政策环境与集群创新绩效之间的中介作用，根据上述步骤得到4个模型，如表6.23所示。通过比较模型2和模型1，发现模型2有了显著改进（$\Delta R^2 = 0.496$，F change = 292.510***），这说明加入区域政策环境以后能够显著提升模型的解释能力，且回归系数显著（β = 0.726，p < 0.001）。比较模型3和模型1，同样说明加入合作创新能力以后显著提升了模型的解释能力（$\Delta R^2 = 0.478$，F change = 270.825***），且其回归系数显著（β = 0.702，p < 0.001）。模型4是控制合作创新能力以后集群创新绩效对区域政策环境的回归模型，很明显，模型4相对于模型3有了显著的改进（$\Delta R^2 = 0.099$，F change = 71.054***），说明加入区域政策环境和合作创新能力以后，能够显著提高模型的解释能力。从模型4中可以看出集群创新绩效对区域政策环境的回归系数为（β = 0.447，p < 0.001），并小于集群创新绩效仅对区域政策环境进行回归的系数（模型2中的系数）（β = 0.726，p < 0.001）。且此时集群创新绩效对合作创新能力的回归系数显著（β = 0.399， p<0.001)。这表明合作创新能力在区域政策环境与集群创新绩效之间存在部分中介效应。因此,假设 4-3b 得到验证。

表6.23 合作创新能力对区域政策环境与集群创新绩效间关系的中介作用

变量	因变量 集群创新绩效							
	模型1		模型2		模型3		模型4	
	β	Sig.	β	Sig.	β	Sig.	β	Sig.
控制变量								
行业类型	0.013	0.831	-0.097*	0.027	-0.083+	0.063	-0.109**	0.006
企业年龄	-0.007	0.936	0.102	0.112	-0.049	0.448	0.036	0.537
企业年均销售收入	0.204*	0.015	0.018	0.764	0.123*	0.037	0.043	0.415
集群年限	0.074	0.359	0.013	0.822	0.090	0.115	0.045	0.375
自变量								
区域政策环境			0.726***	0.000			0.447***	0.000
中介变量								
合作创新能力					0.702***	0.000	0.399***	0.000
ΔR^2	0.059		0.496		0.478		0.099	
F change	4.134**	0.003	292.510***	0.000	270.825***	0.000	71.054***	0.000

注:***Sig.<0.001,**Sig.<0.01,*Sig.<0.05,+Sig.<0.1。

3. 合作创新能力对集群氛围环境与集群创新绩效关系的中介效应验证

为验证合作创新能力在集群氛围环境与集群创新绩效之间的中介作用,同样根据上述步骤得到 4 个模型,如表 6.24 所示。在这里,需要注意的是,按照本书的有关理论假设以及相关验证,集群氛围环境和合作创新能力之间、合作创新能力和集群创新绩效之间存在显著的正相关关系,因此在这里考虑合作创新能力对集群氛围环境与集群创新绩效之间的中介作用时,仅考虑自变量集群氛围环境,而不考虑集群氛围环境的平方项。通过比较模型 2 和模型 1,发现模型 2 有了显著改进($\Delta R^2 = 0.418$,F change = 209.038***),这说明加入集群氛围环境以后能够显著提升模型的解释能力，且集群创新绩效对集群氛围环境的回归系数均显著（$\beta=0.653$，$p<0.001$）。比较模型3和模型1，同样说明加入合作创新能力以后显著提升了模型的解释能力（$\Delta R^2=0.478$，F change $=270.825^{***}$），且其回归系数显著（$\beta=0.702$，$p<0.001$）。模型4是控制合作创新能力以后集群创新绩效对集群氛围环境的回归模型，很明显，模型4相对于模型3有了显著的改进（$\Delta R^2=0.044$，F change $=27.700^{***}$），说明加入合作创新能力和集群氛围环境后，能够显著提高模型的解释能力。从模型4中可以看出集群创新绩效对集群氛围环境的回归系数为（$\beta=0.309$，$p<0.001$），该回归系数小于集群创新绩效仅对集群氛围环境的回归系数（$\beta=0.653$，$p<0.001$）。且此时集群创新绩效对合作创新能力的回归系数显著（$\beta=0.477$，$p<0.001$）。这表明合作创新能力在集群氛围环境与集群创新绩效之间存在部分中介效应。因此，假设4-4b得到验证。至此，本书的所有假设都已经验证完毕。

表6.24　合作创新能力对集群氛围环境与集群创新绩效间关系的中介作用

变量	因变量							
	集群创新绩效							
	模型1		模型2		模型3		模型4	
	β	Sig.	β	Sig.	β	Sig.	β	Sig.
控制变量								
行业类型	0.013	0.831	-0.040	0.396	-0.083$^+$	0.063	-0.077$^+$	0.069
企业年龄	-0.007	0.936	0.027	0.696	-0.049	0.448	-0.020	0.753
企业年均销售收入	0.204*	0.015	0.169**	0.007	0.123*	0.037	0.132*	0.019
集群年限	0.074	0.359	-0.018	0.767	0.090	0.115	0.041	0.453
自变量								
集群氛围环境			0.653***	0.000			0.309***	0.000
中介变量								

续表

变量	因变量 集群创新绩效							
	模型1		模型2		模型3		模型4	
	β	Sig.	β	Sig.	β	Sig.	β	Sig.
合作创新能力					0.702***	0.000	0.477***	0.000
ΔR^2	0.059		0.418		0.478		0.044	
F change	4.134**	0.003	209.038***	0.000	270.825***	0.000	27.700***	0.000

注：***Sig. < 0.001, **Sig. < 0.01, *Sig. < 0.05, +Sig. < 0.1。

6.3.3 多元回归分析总结

上述回归分析结果表明大部分初始假设通过了实证检验，具体详见表6.25。同时层次回归分析结果还显示，尽管创新要素环境、区域政策环境和集群氛围环境对集群创新绩效均具有显著的正向作用，但这种作用并非是完全直接的，企业创新能力和合作创新能力的中介作用确实存在。因此，当我们考虑到企业创新能力和合作创新能力对各关键环境与集群创新绩效的影响之后，区域环境对集群创新绩效作用的路径将变得更为复杂。多元回归分析每次只能考虑自变量和因变量之间的线性关系，忽略了自变量之间、中介变量之间以及自变量和中介变量共同作用于因变量时的系统作用（郑素丽，2009）。为进一步深入分析各关键环境对集群创新绩效的不同作用机制，接下来，本书将使用结构方程建模的方法对区域环境、集群创新能力与集群创新绩效关系做进一步的整体性检验。对于结果的讨论将在结构方程分析之后一并进行。

表6.25 多元回归分析对相关假设的验证

关系内容	假设内容	结论
区域环境与集群创新绩效之间的关系	假设1-1：创新要素环境对集群创新绩效有积极影响	通过
	假设1-2：社会文化环境对集群创新绩效有积极影响	通过
	假设1-3：区域政策环境对集群创新绩效有积极影响	通过
	假设1-4：集群氛围环境对集群创新绩效有倒U影响	通过
区域环境与集群创新能力之间的关系	假设2-1a：创新要素环境对企业创新能力有积极影响	通过
	假设2-1b：创新要素环境对合作创新能力有积极影响	通过
	假设2-2a：社会文化环境对企业创新能力有积极影响	拒绝
	假设2-2b：社会文化环境对合作创新能力有积极影响	拒绝
	假设2-3a：区域政策环境对企业创新能力有积极影响	通过
	假设2-3b：区域政策环境对合作创新能力有积极影响	通过
	假设2-4a：集群氛围环境对企业创新能力有倒U影响	通过
	假设2-4b：集群氛围环境对合作创新能力有积极影响	通过
集群创新能力与集群创新绩效之间的关系	假设3-1：企业创新能力对集群创新绩效有积极影响	通过
	假设3-2：合作创新能力对集群创新绩效有积极影响	通过
集群创新能力的中介效应	假设4-1a：企业创新能力在创新要素环境与集群创新绩效之间起中介作用	部分中介
	假设4-1b：合作创新能力在创新要素环境与集群创新绩效之间起中介作用	部分中介
	假设4-2a：企业创新能力在社会文化环境与集群创新绩效之间起中介作用	拒绝
	假设4-2b：合作创新能力在社会文化环境与集群创新绩效之间起中介作用	拒绝
	假设4-3a：企业创新能力在区域政策环境与集群创新绩效之间起中介作用	部分中介
	假设4-3b：合作创新能力在区域政策环境与集群创新绩效之间起中介作用	部分中介
	假设4-4a：企业创新能力在集群氛围环境与集群创新绩效之间起中介作用	部分中介
	假设4-4b：合作创新能力在集群氛围环境与集群创新绩效之间起中介作用	部分中介

6.4 区域环境、集群创新能力与集群创新绩效关系的整体结构模型

该部分使用Lisrel 8.70软件来进行整体结构模型的检验。如上所述，基于极大似然法估计的Lisrel分析软件所需要的最小样本规模为200以上（邱浩政，2003），并且还要求分析数据服从正态分布。本书的有效样本数是268份，符合Lisrel分析软件对最低样本量的要求。另外，在数据的偏度（Skew）小于2，峰度（Kurtosis）小于5的情况下，即可认为其服从正态分布（Ghiselli等，1981）。为此，我们使用了SPSS13.0软件对样本数据的偏度和峰度进行了分析，结果表明各变量的样本数据均符合正态分布的要求。综合上文关于样本数据信度、效度的检验结果，本书在样本数据的容量、分布状态以及效度与信度等方面均达到了结构方程模型建模的基本要求。

根据图4.2的研究框架模型，本书引入了4个外生潜变量：创新要素环境、社会文化环境、区域政策环境和集群氛围环境；3个内生潜变量：企业创新能力、合作创新能力和集群创新绩效。其中创新要素环境、社会文化环境、区域政策环境各有3个测量变量；集群氛围环境有5个测量变量；企业创新能力、合作创新能力和集群创新绩效的测量变量分别为6个、5个和5个，共计30个测量变量。鉴于本章6.1的分析中，已对区域环境、集群创新能力和集群创新绩效的测量模型进行了研究，接下来，本书将对研究模型中假定的关于这些变量之间的作用关系进行验证。

6.4.1 模型初步拟合

利用 Lisrel 8.70 软件对初始结构方程模型进行分析运算，拟合结果如表 6.26 所示。从拟合指标来看，虽然诸如 NFI、NNFI、CFI 以及 IFI 等相对拟合指标均大于 0.9，拟合情况较好，但是绝对拟合指标中 $\chi^2/df = 5.099$，RMSEA = 0.119，这相对于 $\chi^2/df < 5$，RMSEA < 0.1 的评价标准还是有些偏高，也即该模型存在一定程度的修正空间。此外，还有 7 条路径未通过显著性检验。这些路径分别是：创新要素环境→合作创新能力、社会文化环境→企业创新能力、社会文化环境→合作创新能力、创新要素环境→集群创新绩效、社会文化环境→集群创新绩效、区域政策环境→集群创新绩效、集群氛围环境→集群创新绩效，其中后面 4 条路径不显著更是进一步说明了在综合考虑区域环境、集群创新能力和集群创新绩效这三个变量间关系的时候，区域环境对集群创新绩效的直接影响不显著。

表 6.26 结构方程模型的路径系数与拟合指标

关系内容	假设内容	标准化路径	t 值
区域环境与集群创新能力	创新要素环境→企业创新能力	0.427	4.324
	创新要素环境→合作创新能力	0.046	0.443
	社会文化环境→企业创新能力	-0.151	-1.488
	社会文化环境→合作创新能力	0.009	0.086
	区域政策环境→企业创新能力	0.397	4.198
	区域政策环境→合作创新能力	0.399	3.928
	集群氛围环境→企业创新能力	0.270	3.958
	集群氛围环境→合作创新能力	0.469	6.126
集群创新能力与集群创新绩效	企业创新能力→集群创新绩效	0.675	9.993
	合作创新能力→集群创新绩效	0.233	3.913

续表

关系内容	假设内容	标准化路径	t 值
区域环境与集群创新绩效	创新要素环境→集群创新绩效	0.187	1.790
	社会文化环境→集群创新绩效	0.141	1.367
	区域政策环境→集群创新绩效	0.099	0.914
	集群氛围环境→集群创新绩效	−0.154	−1.853
拟合指数	$\chi^2 = 1963.23$（$p = 0.000$），$df = 385$，$\chi^2/df = 5.099$，RMSEA = 0.119，SRMR = 0.0479，NFI = 0.939，NNFI = 0.941，CFI = 0.948，IFI = 0.948，RFI = 0.931，GFI = 0.671		

6.4.2 模型修正与确定

正如 Hatcher（1994）所言，很少有初始模型只经过一次运算就能够模拟成功，这在对模型的分析中尤为常见。原因一方面可能是和所构建的概念模型的偏差有关，另一方面或许是源于调查问卷所获得的数据造成的偏差。综合考虑以上的因素，本书首先根据 Lisrel 提供的修正指标 MI，通过删除残差间协方差较大的指标，降低变量间的自相关关系，对模型进行第一次调整，逐步消除拟合偏差。

从初始模型拟合结果提供的修正指标 MI 可以看出：企业创新能力和集群创新绩效的部分题项存在较强的相关，因此考虑删除对企业创新能力的一个测量题项：推出新产品，以及对集群创新绩效的一个测量指标：新产品开发速度，以降低变量之间的自相关性，导入数据再次进行拟合运算，结果如表 6.27 所示。

表 6.27 修正模拟的路径系数与拟合指标

关系内容	假设内容	标准化路径	t 值
区域环境与集群创新能力	创新要素环境→企业创新能力	0.368	3.422
	创新要素环境→合作创新能力	0.031	0.301
	社会文化环境→企业创新能力	-0.178	-1.593
	社会文化环境→合作创新能力	0.015	0.142
	区域政策环境→企业创新能力	0.419	4.026
	区域政策环境→合作创新能力	0.391	3.827
	集群氛围环境→企业创新能力	0.300	3.993
	集群氛围环境→合作创新能力	0.482	6.235
集群创新能力与集群创新绩效	企业创新能力→集群创新绩效	0.399	4.724
	合作创新能力→集群创新绩效	0.160	2.023
区域环境与集群创新绩效	创新要素环境→集群创新绩效	0.178	1.665
	社会文化环境→集群创新绩效	0.235	2.168
	区域政策环境→集群创新绩效	0.106	0.936
	集群氛围环境→集群创新绩效	-0.138	-1.591
拟合指数	$\chi^2 = 1530.32$（$p = 0.000$），$df = 330$，$\chi^2/df = 4.637$，$RMSEA = 0.091$，$SRMR = 0.0453$，$NFI = 0.940$，$NNFI = 0.942$，$CFI = 0.949$，$IFI = 0.949$，$RFI = 0.931$，$GFI = 0.783$		

修正后的绝对拟合指标和相对拟合指标均有了一定程度的提高，模型在可接受的范围之内。从整体模型的路径标准化回归系数及显著性来看，企业创新能力与合作创新能力表现出了较好的中介效应，除了社会文化环境直接对集群创新绩效产生显著影响之外，其他的关键性环境，如创新要素环境、区域政策环境和集群氛围环境对集群创新绩效的直接影响均不显著，也即是中介变量企业创新能力与合作创新能力对这些环境和集群创新绩效关系起到了完全中介的作用。下面还将进一步对变量间直接效应、间接效应和总效应的强度等进行说明和比较。

6.4.3 模型效应分解及分析

在概念模型以及相关假设中，本书提出了各潜变量之间直接效应和间接效应的相关假设。直接效应是指由因变量（可以是外生变量或内生变量）到结果变量（内生变量）的直接影响，用因变量到结果变量的路径系数来衡量直接效应；间接效应是指因变量通过一个或多个中介变量对结果变量的间接影响；总效应是直接效应和间接效应的总和。本书将通过对直接效应和间接效应的分解与比较来分析企业创新能力、合作创新能力对区域环境和集群创新绩效的中介作用；并通过对区域环境影响集群创新绩效总效应强度的分析，比较区域环境的几个关键构成对集群创新绩效的影响程度。

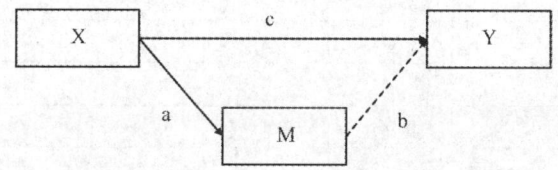

图 6.1 带有中介变量的路径模型

在进行分析之前，本书将根据图 6.1 所示的带有一个中介变量的路径模型，对直接效应、间接效应和总效应的计算进行说明。

在图 6.1 中，X 对 Y 的直接效应即为 X 到 Y 的标准化回归系数 c；X 对 Y 的间接效应可直接由两端点变量之间的直接效应标准回归系数相乘而得。也即 X 对 Y 的间接效应由两个直接效应（X 对 M，M 对 Y）所组成，取两者的回归系数成绩得到间接效应 $a \times b$。那么 X 对 Y 的总效应或者整体效应即表现为直接效应和间接效应的加总，也即 $a \times b + c$[190]。

按照这种方法，本书将根据表 6.27 各变量之间的路径系数对各关键性环境对集群创新绩效影响的直接效应、间接效应和总效应进行计算，并汇总如

表 6.28 所示。

表 6.28 最终模型的直接效应、间接效用和总效应①

变量简称	创新要素	社会文化	集群政策	集群氛围	企业创新	合作创新
直接效应						
企业创新	0.368	0.000	0.419	0.300		
合作创新	0.000	0.000	0.391	0.482		
集群绩效	0.000	0.235	0.000	0.000	0.399	0.160
间接效应						
通过企业创新作用于集群绩效	0.147②	0.000	0.167	0.120		
通过合作创新作用于集群绩效	0.000	0.000	0.063	0.077		
汇总	0.147	0.000	0.230	0.197		
总效应						
企业创新	0.368	0.000	0.419	0.300		
合作创新	0.000	0.000	0.391	0.482		
集群绩效	0.147	0.235	0.230	0.197		

根据上表数据，首先可以对企业创新能力与合作创新能力产生的中介效应强度进行比较：创新要素环境主要是通过企业创新能力对集群创新绩效产生影响，中介效应强度为 0.147。企业创新能力相对于合作创新能力而言，对区域政策环境、集群氛围环境和集群创新绩效间关系的中介效应强度要更加明显。

---

① 在进行直接和间接效应计算时，对于路径标准化回归系数检验不显著的没有予以显示和计算，以 0.000 来表示，此外对于假设中未显示的路径，不予以显示。

② 间接效应的计算为：创新要素对企业创新的直接效应 0.368 和企业创新对集群绩效的直接效应 0.399 的乘积，其他数据的计算方法相同，不再做一一说明。

其次还可以对各类区域环境作用于集群创新绩效的总效应情况进行比较和排序。从总效应的情况来看，各类环境均对集群创新绩效有着积极的影响，其中以社会文化环境和区域政策环境带来的影响程度最强。另外还可以看出，社会文化环境对集群创新绩效的影响是一种直接影响，而其他区域环境对集群创新绩效更多的是一种间接影响。

通过各变量之间效应的分解，进一步打开了区域环境对集群创新绩效作用机制的黑箱。

6.5 结果讨论

本书通过大样本调研、多元回归分析和结构方程建模分析，对第 4 章提出的区域环境作用于集群创新绩效的概念模型进行了验证。结果表明，除了社会文化环境不是通过集群创新能力的中介作用对集群创新绩效产生影响之外，原先的研究假设大部分都得到了证实。具体详见表 6.29 所示。值得说明的是，本书首先运用多元回归分析验证了区域环境对于集群创新绩效的作用，其次从整体模型考虑，运用结构方程验证了区域环境、集群创新能力对集群创新绩效的共同作用机制。

表 6.29 综合分析对相关假设的验证

关系内容	假设内容	结论
区域环境与集群创新绩效之间的关系	假设 1-1：创新要素环境对集群创新绩效有积极影响	通过
	假设 1-2：社会文化环境对集群创新绩效有积极影响	通过
	假设 1-3：区域政策环境对集群创新绩效有积极影响	通过
	假设 1-4：集群氛围环境对集群创新绩效有倒 U 影响	通过

续表

关系内容	假设内容	结论
区域环境与集群创新能力之间的关系	假设2-1a：创新要素环境对企业创新能力有积极影响	通过
	假设2-1b：创新要素环境对合作创新能力有积极影响	拒绝
	假设2-2a：社会文化环境对企业创新能力有积极影响	拒绝
	假设2-2b：社会文化环境对合作创新能力有积极影响	拒绝
	假设2-3a：区域政策环境对企业创新能力有积极影响	通过
	假设2-3b：区域政策环境对合作创新能力有积极影响	通过
	假设2-4a：集群氛围环境对企业创新能力有倒U影响	通过
	假设2-4b：集群氛围环境对合作创新能力有积极影响	通过
集群创新能力与集群创新绩效之间的关系	假设3-1：企业创新能力对集群创新绩效有积极影响	通过
	假设3-2：合作创新能力对集群创新绩效有积极影响	通过
集群创新能力的中介效应	假设4-1a：企业创新能力在创新要素环境与集群创新绩效之间起中介作用	完全中介
	假设4-1b：合作创新能力在创新要素环境与集群创新绩效之间起中介作用	拒绝
	假设4-2a：企业创新能力在社会文化环境与集群创新绩效之间起中介作用	拒绝
	假设4-2b：合作创新能力在社会文化环境与集群创新绩效之间起中介作用	拒绝
	假设4-3a：企业创新能力在区域政策环境与集群创新绩效之间起中介作用	完全中介
	假设4-3b：合作创新能力在区域政策环境与集群创新绩效之间起中介作用	完全中介
	假设4-4a：企业创新能力在集群氛围环境与集群创新绩效之间起中介作用	部分中介
	假设4-4b：合作创新能力在集群氛围环境与集群创新绩效之间起中介作用	完全中介

下面将结合多元回归分析以及结构方程模型分析的结果对本书所涉及的几个重要变量之间的关系进行逐一讨论。

6.5.1 区域环境与集群创新绩效的关系讨论

从表6.15对区域环境和集群创新绩效关系的多元回归分析结果来看，创新要素环境、社会文化环境和区域政策环境均对集群创新绩效产生了不同显著程度的积极影响。这和多数学者如 迈克尔·波特（1990），Braczyk、Cooke 和 Heidenreich（1998），Lawson 和 Lorenz（1999），Keeble 和 Wilkinson（1999）和 Heidenreich（2007）等的研究是一致的，也是进一步验证了这些学者所提出的观点。而集群氛围环境则对集群创新绩效产生了倒U影响。这点也对一些学者提出的观点进行了验证，比如Uzzi（1997）曾针对纽约女装产业集群的研究指出，过度嵌入的网络关系是集群衰落的根源。Glasmeier（1991）和Grabher（1993）针对瑞士钟表业和鲁尔钢铁业集群的研究也同样表明，过度嵌入的网络关系会使得集群在技术和市场变革中迷失发展的方向。

在考虑企业创新能力与合作创新能力两个中介变量并进行结构方程综合建模之后，发现创新要素环境、区域政策环境以及集群氛围环境对于集群创新绩效的直接影响均不显著，而社会文化环境对集群创新绩效影响的显著度有所提高，这说明社会文化环境对于集群创新绩效的影响是一种直接影响，而另外三种环境对集群创新绩效的影响是一种间接的影响。也即是说集群内的创新、创业、不怕失败等社会文化氛围对于集群创新绩效的影响直接而且显著，而创新要素环境、区域政策环境和集群氛围环境则是通过作用于集群创新能力进而作用于集群创新绩效。因本书是以集群内企业的创新绩效来对集群创新绩效进行衡量，而从集群运行的现实状况以及一些学者的研究来看，产业集群对企业创新绩效的影响并不能一概而论，对产业集群的研究核心要从"什么样的集群是好是坏"到"什么特征的企业更受益于产业集群"等，也即像Pouder 和 St. John（1996）以及 Shaver 和 Flyer（2000）所指出的，应该从集群和企业各自的特点以及它们之间的互动作用来考察和理解具体的影响效果。显然本书所表明的：区域环境通过作用于集群创新能力（本书也是通过企业自身的创新能力以及与其他企业、机构间的合作创新能力来衡量），进而影响到集群创新绩效，进一步验证了上述观点。

从结构方程分析的区域环境作用于集群创新绩效的总效应中，我们可以看到区域环境的几个概念对于集群创新绩效的影响都比较显著，按照影响强度的高低顺序，依次为社会文化环境、区域政策环境、集群氛围环境和创新要素环境，这也对产业集群区域针对性地进行相关环境建设提供了有益的指导方向。

6.5.2 集群创新能力与集群创新绩效的关系讨论

无论是多元回归分析还是结构方程模型分析，集群创新能力的两个关键维度对集群创新绩效都显示出了较强的积极影响作用。在本书中对集群创新能力和集群创新绩效的刻画都是从企业能力和企业绩效的角度展开的。研究结果所表明的这种积极影响关系，不仅符合企业能力理论的相关观点，而且和国内外多数学者，如陈劲等（2007）；周泯非、魏江（2009）；彭灿、杨玲等（2009）；张荣祥、伍满桂（2010）等的研究结论相一致。

从影响强度来看，企业创新能力对集群创新绩效的影响要高于合作创新能力。这表明集群创新绩效受到企业创新能力的影响程度要高于受到合作创新能力的影响程度。这在中国产业集群的现实情境中也有较明显的反映。比如多数集群内的企业更为重视自身创新能力的改善，比如提高对顾客需求的敏锐度、更为重视知识产权的申请和保护、持续增加研发费用的投入以及加强新设备的采购和应用等来提高创新绩效，而对于企业之间、企业与科研院所之间、企业与政府之间等的合作创新重视程度还不够。

6.5.3 区域环境与集群创新能力的关系讨论

从多元回归分析以及结构方程建模的结果来看，区域环境的关键构成中除了社会文化环境对集群创新能力的两个关键构成未有显著的影响之外，其他环境要素均对集群创新能力的两个关键构成产生了显著的影响。其中创新要素环境、区域政策环境对企业创新能力与合作创新能力的影响都是积极影响。也即是说创新要素如技术条件、高端人才状况、资本供应情况以及政府对市场的维护状况和政策指导状况等无论是对企业自身创新能力的提高，还是对企业与其他机构合作创新能力的提高均有促进作用。另外，集群氛围环境对企业创新能力与合作创新能力的影响有着不同的表现，其中对企业创新能力的影响是一种显著的倒U型影响，而对合作创新能力则是一种显著的积极影响。原因在于集群氛围主要就是测量集区内企业之间关系嵌入所形成的竞合程度，正如前面对集群氛围作用于集群创新绩效的分析，企业之间适度的关系嵌入程度的增加，将会刺激企业之间形成一种有序而正向的竞争效应，使得企业有动力通过提高自身的创新意识、积极进行相关创新活动，进而提高自身的创新能力。但是过度的关系嵌入将会带来企业之间的竞争意识下降，这会使得企业创新能力有所下降。但是这种集群氛围对于合作创新能力的影响却始终是积极而有效的。

结合结构方程的整体模型分析，可以注意到创新要素环境对于合作创新能力的影响出现了不显著的情况，即考虑到各变量共同作用的系统影响，创新要素环境诸如集群内的技术、人才和资本状况主要是更多地影响到企业的创新投入和创新活动，而对企业和其他机构之家合作创新的影响甚微。这个分析结果相对回归分析来说，显然更具对现实的解释作用和意义。

6.5.4 集群创新能力中介作用的讨论

相对于多元回归分析，在结构方程模型分析中，当考虑所有变量的系统作用时，集群创新能力的中介效应有了一定程度的变化。主要反映在下面几个方面。首先，如上所述，合作创新能力对创新要素环境和集群创新绩效关系的中介作用不再显著。其次，回归分析的数据表明，集群创新能力在创新要素环境、区域政策环境、集群氛围环境和集群创新绩效关系间起到部分中介的作用，而在结构方程模型中，这种中介效应进一步增强，在考虑集群创新能力的情况下，上述变量之间的直接效应消失，集群创新能力起到了完全中介的作用。最后，对结构方程模型分析所显示的区域环境分别通过企业创新能力、合作创新能力影响集群创新绩效的间接效应数据表明，企业创新能力相对于合作创新能力的中介效应更加明显。

这些结果表明集群创新能力为区域环境和集群创新绩效间搭建了一个桥梁，区域环境对集群创新绩效的影响主要是通过企业自身或企业之间的创新投入和创新活动来实现的，这样进一步验证了上面所表明的集群的权变观，也即是区域环境的优劣对集群内企业的绩效的影响很关键，但是区域环境的好坏还要通过作用于企业的活动而影响到企业绩效。当然这也进一步验证了本书的研究主题：区域环境通过作用于集群创新能力而对集群创新绩效产生影响。

6.6 进一步探讨

前面在对区域环境中的集群氛围环境变量和集群创新绩效以及集群创新

能力关系的讨论时，指出仅从同一个时点来看，集群氛围环境会表现出对集群创新绩效和集群创新能力的倒 U 影响，前面的数据收集和分析也是基于同一个时点来探讨集群氛围（集群内企业间的关系嵌入程度）对集群创新绩效的影响情况，但是有学者指出，任何一个经济主体，尽管达不到完全理性，但是理性度却能随着经验的增加而不断提高，企业之间的竞争与合作也是如此。从演化的观点来看，由于集群内企业群出于利益最大化的角度，会做出探索性行为或战略行为来调整之间的竞争与合作关系，从而会使长期的均衡达到一种稳定的状态，这种稳定的状态可能是完全合作，也可能是完全竞争，有时可能是合作与竞争共存[191]。因此，我们可以得出这样的假设，随着集群形成时间的不同，会带来企业之间的不同关系嵌入程度，这又将会带来对集群创新能力和集群创新绩效的不同影响，也即集群年限会对和集群自身紧密相关的几个重要变量带来差异影响。

这里，本书还将基于前期所收集的 268 份数据，尝试采用方差分析的方法进行分析。主要引入的变量有集群形成年限、集群氛围环境、集群创新能力和集群创新绩效，方法是对不同集群形成年限（1~3 年，4~6 年，7~10 年，11~15 年和 16 年以上）的集群氛围环境、集群创新能力和集群创新绩效进行比较，观察集群氛围环境、集群创新能力和集群创新绩效是否有显著的差异，以及所表现出来的差异情况。方差分析结果如表 6.30 所示。F 值结果显示，集群氛围、集群创新能力的两个构成维度以及集群创新绩效均存在显著差异。

表 6.30　单因素方差分析结果

变量	集群形成年限（年）					F 检验	Tamhane 检验
	1~3	4~6	7~10	11~15	16 及以上		
集群氛围环境	3.29 (1.13)	3.69 (0.77)	3.50 (0.63)	3.18 (0.42)	3.96 (0.51)	3.195*	1~5* 4~5** 2~4*

续表

变量	集群形成年限（年）					F 检验	Tamhane 检验
	1～3	4～6	7～10	11～15	16 及以上		
企业创新能力	3.43 (1.20)	3.99 (0.74)	3.84 (0.66)	3.81 (0.36)	4.12 (0.48)	4.627**	1～2** 1～5*
合作创新能力	3.30 (1.06)	3.84 (0.83)	3.39 (0.81)	3.27 (0.66)	3.71 (0.63)	3.758**	1～2** 2～3*
集群创新绩效	3.38 (1.16)	3.99 (0.82)	3.81 (0.78)	3.92 (0.71)	3.81 (0.53)	4.698**	1～2** 1～3*
N	96	57	93	11	11		
百分比（%）	35.8	21.2	34.7	4.10	4.10		

N 为样本数，括号内为标准差，**$p<0.01$，*$p<0.05$，Tamhane 检验中，1.1～3 年，2.4～6 年，3.7～10 年，4.11～15 年，5.16 年及以上

进一步对不同集群年限的上述变量之间的差异做多重事后比较。在比较之前先对集群氛围等变量的方差齐次性进行了检验，从表 6.31 的显著性水平看，集群氛围、集群创新能力的两个构成维度以及集群创新绩效等变量均具有方差非齐次。这样我们将对这些变量进行多重事后比较 Tamhane 检验，结果显示，集群氛围环境、集群创新能力和集群创新绩效在部分集群年限之间确实存在显著差异。具体来看的话，集群年限所形成的差异化影响在合作创新能力和集群创新绩效方面较为一致。即形成时间在 10 年之内的新兴产业集群，由于企业行为尚处在不断的探索期，因此表现出来较为明显的合作创新能力和集群创新绩效的差异情况，而形成时间超过 10 年以上的新兴产业集群，则逐渐实现了一种均衡状态，而且从集群形成年限来看，形成 4～6 年左右的产业集群会表现出来良好的生命力和较好的创新绩效。此外，在集群初期，集群创新绩效和合作创新能力呈现相同趋势的变化，一段时间后，集群创新绩效与合作创新能力则呈现出相反趋势的变化。这种情况在图 6.2 能够更为清晰地显示。

表 6.31　方差齐次性检验（N=268）

变量	Levene Statistic	df1	df2	Sig.
集群氛围	10.725	4	263	0.000
企业创新能力	15.314	4	263	0.000
合作创新能力	3.957	4	263	0.004
集群创新绩效	7.893	4	263	0.000

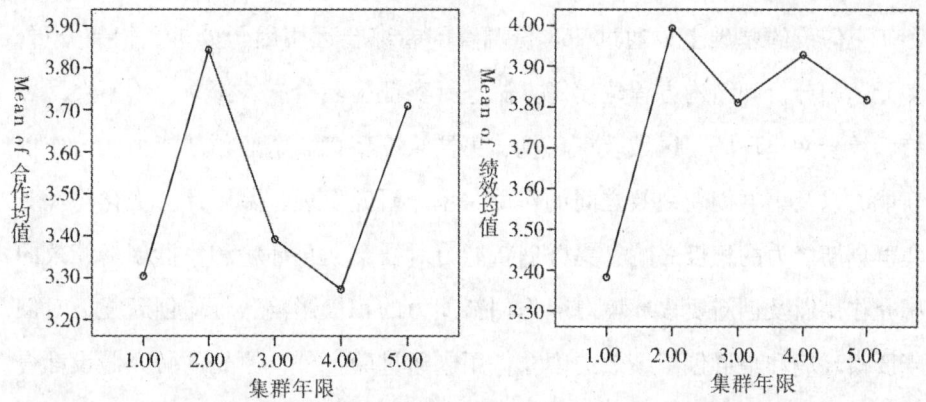

图 6.2　合作创新能力与集群创新绩效的变化趋势

因此，通过对集群形成时间以及集群创新能力和集群创新绩效等变量的进一步考察，本书在前面研究结论的基础上，又讨论了集群创新能力和集群创新绩效的演化趋势，发现形成时间在 4~6 年区间的产业集群会表现出较好的集群创新能力和集群创新绩效，此外本书认为尽管形成时间在 7~10 年区间的集群会因为企业之间的过度关系嵌入（比如说过度的竞争或者过度的合作等）而带来绩效的下降，但是这只是集群发展中的某一个时点的结果。从更长的时间来看，集群内企业会从自身利益最大化出发，不断地进行适应性行为和战略性行为的调整，从而会使集群实现一种均衡状态。

6.7 本章小结

本章在第 4 章提出的区域环境对新兴产业集群绩效作用机制的概念模型和研究假设的基础上,通过 268 份调查问卷综合运用因子分析、相关分析、多元回归分析和结构方程建模等方法进行实证检验,深入探讨了创新要素环境、社会文化环境、区域政策环境、集群氛围环境、企业创新能力、合作创新能力以及集群创新绩效之间的作用关系。研究发现,除了社会文化环境对集群创新能力的积极影响、集群创新能力对社会文化环境和集群创新绩效的中介作用以及创新要素环境对合作创新能力的积极影响、合作创新能力对创新要素环境和集群创新绩效的中介作用未通过验证外,原先的研究假设都得到了验证。创新要素环境、区域政策环境通过企业创新能力正向影响集群创新绩效;集群氛围环境通过企业创新能力对集群创新绩效有倒 U 影响;区域政策环境和集群氛围环境通过合作创新能力正向影响集群创新绩效。结合多元回归分析和结构方程建模,对有关假设进行验证的结果如表 6.31 所示。另外,通过对集群形成时间以及集群创新能力和集群创新绩效等变量的进一步考察,讨论了集群创新能力和集群创新绩效的演化趋势,发现形成时间在4~6 年区间的产业集群会表现出较好的集群创新能力和集群创新绩效。

第7章 结论和展望

通过前面6章的分析,本书分别围绕区域环境、集群创新能力两大核心概念,探索出影响产业集群创新绩效的区域环境因素,并对区域环境通过集群创新能力影响集群创新绩效的作用机制问题也进行了系统而深入的理论分析和实证研究。本章将对前面的研究内容进行总结,归纳本书的主要结论、理论贡献和实践启示,在此基础上指出本书存在的一些局限,并提出未来可能的研究方向。

7.1 研究结论

本书以产业集群理论、企业能力理论和创新理论为理论基础,紧紧围绕"区域环境如何影响集群创新绩效"这一基本研究命题,以新兴产业集群为研究对象,在对区域环境、集群创新能力以及集群创新绩效等有关概念界定的基础上,系统研究了不同类型区域环境与集群创新绩效之间的关系,并对集群创新能力的中介作用进行了分析。通过文献回顾、问卷调查、模型构建以及回归分析检验假设的研究方法,并结合统计分析软件 Lisrel8.70 和 SPSS13.0,实证分析并明确了区域环境对集群创新绩效的影响机制,形成了以下主要研究结论。

（1）区域环境的不同维度对新兴产业集群创新绩效的差异化影响。从区域环境作用于集群创新绩效的总体效应来看，四个维度均对集群创新绩效产生了显著影响。其中社会文化环境对集群创新绩效是直接的正向影响；创新要素环境、区域政策环境对集群创新绩效的影响是间接的正向影响；集群氛围环境对集群创新绩效的影响相对较为复杂，同时表现为一种通过企业创新能力的间接倒 U 型影响和一种通过合作创新能力的间接正向影响。从影响强度来看，社会文化环境和区域政策环境对集群创新绩效的影响强度较高，而创新要素环境的影响强度相对较弱。

（2）区域环境对新兴产业集群创新绩效的作用机制。集群创新能力在不同类型区域环境与企业绩效的关系中起着部分中介或者完全中介的作用。具体来说，企业创新能力在创新要素环境、区域政策环境和集群创新绩效的关系中起着完全中介作用，并且通过这种中介作用，使得创新要素环境和区域政策环境对集群创新绩效产生积极的影响；企业创新能力在集群氛围环境和集群创新绩效的关系中起着部分中介作用，通过这种作用使集群氛围环境对集群创新绩效产生倒 U 型影响；合作创新能力在区域政策环境、集群氛围环境和集群创新绩效的关系中起着完全中介作用，通过这种中介作用，使区域政策环境和集群氛围环境对集群创新绩效产生积极影响。

（3）不同类型的集群创新能力中介效应的差异化情况。集群创新能力的两个关键维度企业创新能力和合作创新能力对区域环境和集群创新绩效间关系起到的中介效应是有差异的。具体表现为：企业创新能力在创新要素环境、区域政策环境和集群氛围环境与集群创新绩效关系间起到的中介效应更强。

（4）形成时间在 10 年内的新兴产业集群，合作创新能力和集群创新绩效会因形成时间的长短而表现出显著的差异情况；形成时间超过 10 年的新兴产业集群，则逐渐实现了一种均衡状态；而且从实证研究的结果来看，形成 4~6 年的产业集群表现出了最为理想的创新绩效。

7.2 理论贡献与实践意义

如前所述，本书以面向我国部分新兴产业集群的调查数据为基础，提出了区域环境对集群创新绩效作用的概念模型，并对此进行了较系统的实证研究，毫无疑问，这对进一步的理论探索和指导产业集群发展的实践活动具有十分重要的参考价值和借鉴意义，下面将从理论贡献和实践意义两个方面进行阐述。

7.2.1 理论贡献

（1）探讨了影响新兴产业集群创新绩效的环境因素和能力因素，其中对区域环境概念的明晰化和操作化不仅补充和发展了现有产业环境的相关研究，还有利于推动实证研究的开展。

从理论层面而言，对新兴产业集群创新绩效及其影响因素的研究十分迫切。从现有的研究来看，对产业集群创新绩效的研究虽然很多，但是以定性分析为主，比如对集群创新绩效的概念界定、基本构成的分析等。既有的定量分析多是对集群创新绩效进行定量评价，或者从社会网络的角度来研究集群网络对集群创新绩效的影响。研究视角比较单一，而且研究结论存在矛盾的地方。也可以说，对产业集群绩效及其影响因素的研究尚不成熟。因此，在其他学者的研究基础上，基于对江苏省部分新兴产业集群的调研，总结出影响产业集群创新绩效的集群层次因素（环境因素）和企业层次因素（能力因素），并且通过对若干产业集群进行探索式的案例研究，研究过程遵循多案例研究方法的一般程序，并辅以扎根理论方法对质性数据进行编码及分析，探索了区域环境概念所包含的内涵和结构。

（2）研究以质性研究为基础，又同时运用了多元回归分析、结构方程模型以及方差分析的方法，揭示了区域环境影响集群创新绩效的机制和关键路径，这对相关理论推进和现象解释方面都具有探索性意义。

现有的研究要么从区域环境的角度探讨集群对集群创新绩效的影响，要么从集群创新能力的角度来探讨对集群创新绩效的影响。将区域环境、集群创新能力综合考虑，并深入剖析它们对集群创新绩效作用的路径研究并不多见。而本书则以新兴产业集群为研究对象，引入集群创新能力这一中介变量，对"区域环境—集群创新能力—集群创新绩效"之间的一系列因果关系链进行分析，其中对访谈文本的典型引用主要取材于NVIVO数据库中的"关系节点"和矩阵编码结果。研究不仅证实了区域环境和集群创新绩效的正相关关系，还分别探讨了环境是如何对集群创新绩效产生影响的。实证研究结果表明区域环境的多个维度对集群创新绩效的影响取决于集群创新能力的中介作用，而且影响程度还各有差异，揭示了区域环境影响集群创新绩效的基本路径。

（3）借鉴能力理论，并通过微观层面对区域环境作用于集群创新绩效机制的分析，指出了集群创新能力的中介作用，从而达到解剖机制黑箱的目的，这丰富和深化了集群创新能力的相关研究。

借鉴能力观的观点，组织绩效的差异归根结底是能力的差异。产业集群创新能力是产业集群内生增长的源泉，提升新兴产业集群创新能力，进而改善创新绩效对促进区域经济发展具有重要意义。因此，基于能力理论对新兴产业集群创新能力有一个全面而清晰的认识和判断，找出影响新兴产业绩效的关键性集群创新能力，可以使各集群区域在有限的资源条件下，有针对性地加强集群创新能力的培育和建设。这不仅可以对集群绩效及其影响因素的研究提供一个新的视野，也丰富了关于集群创新能力的研究。同时，本书结合中国当前发展新兴产业的背景，基于集群创新能力的中介作用对区域环境和新兴产业集群创新绩效之间的关系进行定量研究，探讨促进创新能力以及创新绩效的环境建设，将展现出实际运用意义。

7.2.2 实践意义

我国产业集群总体已经走过了形成期，正在向更高、更新的阶段发展，但是在产业集群发展的过程中，产业集群绩效却表现出了明显差异。此外，近年来在我国大力发展新兴产业的战略举措下，由政府主导的自上而下建设的新兴产业集群日益增多，如何提高这些新兴产业集群的绩效便成为了学界和政界关注的重要问题。本书的研究结果识别了影响新兴产业集群创新绩效的关键环境要素以及关键集群创新能力，对优化区域环境建设以及提高集群创新能力具有一定的实践启示。

（1）对优化区域环境建设的指导意义。无论是从文献研究、实地访谈以及本书最终通过定量分析的验证结果，都表明了区域环境对于集群创新绩效有着重要的影响作用。从研究结果来看，区域政策环境、创新要素环境、集群氛围环境主要是通过集群创新能力的中介作用而对新兴产业集群创新绩效产生影响；社会文化环境则会直接影响到集群创新绩效。从区域环境对集群创新绩效的总体影响程度来看，社会文化环境和区域政策环境带来的影响更为明显。因此，优化集群区域的环境建设将是改善新兴产业集群创新绩效的重要手段。

从现实来看，我国目前的新兴产业集群也多是自上而下建设发展起来的，因此区域政策环境的建设应放在首要位置。首先，政府应致力于提供良好的市场维护、集群政策以及充分的信息等支撑条件。比如拨款给科研机构支持基础研究和发明创造；为企业提供担保，使企业获得贷款；或者针对共性技术难题进行资助等，从而引导集群创新的直接参与者企业进行集群创新活动。其次，应建设一种有利于创业创新的社会文化环境。文化环境建设的重点应放在鼓励创业、鼓励创新、鼓励冒险、善待失败等方面。不过，值得注意的是文化建设是一个缓慢的过程，不能一蹴而就，其对集群创新绩效的影响是缓慢的渗透，但从长期来看却有着明显的效应。再次，要注重集群氛围环境的建设。集群本身就是一种特殊的企业外部环境。企业选择集群发展除了被政策、要素等条件吸引外，集群所形成的企业网络关系也是吸引企业集群发展的重要因素。因此通过建设企业家协会、行业协会，或者组织集群区域技术交流等，将有助于集群区域信任机制建设、促进企业之间的合作和连接、形成良好的合作关系，对提高集群创新绩效具有重要作用。但应注意，企业之间过度的信任与合作或将逐渐使企业因技术和信息的泄露而导致创新动机的削弱，不过从演化的观点来看，这也不会成为一种常态，终会因企业的战略行为和选择使得集群绩效重新回到一种理想的状态。最后，要加强创新要素环境的建设。具体来讲，集群区域内的高素质人才、金融资本状况以及技术水平等创新要素作为集群区域的稀缺资源，是构成区域创新要素环境的重要构成，因此应通过多种方式如加强培训和教育、建设区域性研究平台等改善创新要素条件，进而提高集群创新绩效。

(2) 对有效提高集群创新能力的指导意义。从区域环境对集群创新绩效的作用机制来看，集群创新能力起到了较明显的中介作用。因此提高集群创新绩效的另一个对策实施要点就在于提高集群创新能力。本书从企业的角度考察了集群创新能力的两个维度——企业自身创新能力以及合作创新能力。从我们对新兴产业集群实地调研以及定量分析反映出的情况来看，首先企业创新能力起到的中介作用要比合作创新能力更为明显，其次企业对自身创新能力方面的平均评价要高于合作创新能力，即是说集群区域内的企业更为注重依靠自己的力量进行创新而不是合作创新。这在《中国产业集群创新发展报告》(2010~2011) 中也有明显的体现，在其研究发现中提到我国目前多数产业集群内的企业对外部资源的认知度偏低、合作创新的深度不够、同大学科研机构合作参与度低等[72]。但是很多学者如 Lundvall (1992) 认为创新是一种交互过程[151]，Love 和 Roper（2001）指出创新绩效来自于集群内的网络关联效果[156]，这些观点都特别强调了提高合作创新能力对于改善集群创新绩效的重要作用。因此，进一步加强企业与企业之间、企业与科研机构之间、企业与政府之间的合作创新活动是改善集群创新能力的方向。当然，与此同时，还要进一步注重企业创新能力的提高。比如促使企业改善创新意识、建立科研投入的稳效机制、加强产品研发和工艺创新等活动。

7.3 局限性及未来研究展望

7.3.1 研究局限性

尽管本书得出了一些有意义的结论，但因受制于主观上的能力局限和客观上的资源约束，在研究过程中仍存在一些局限之处，需要在未来研究中加以完善，具体包括：

（1）样本数据来源的地域局限可能会影响到研究结果的普适性。在本书中，笔者利用参与课题组的机会，以及利用江苏省科技创新协会的相关资源，多次深入到江苏省新兴产业集群进行问卷的发放和回收工作，从回收的问卷数量来看基本满足了实证分析的要求。然而由于回收问卷均来自于江苏省不同地市的新兴产业集群，这可能在一定程度上对研究结果的普适性造成影响。因此，本书的研究结论有待在更广区域范围内进行验证。

（2）部分变量测度指标体系仍有待完善。本书运用里克特五点量表对区域环境、集群创新能力和集群创新绩效等变量进行测量。鉴于如果从集群层次对集群创新能力和集群创新绩效进行测量的话，收集和回收大量可供建模以及分析的数据将十分困难。于是本书采用新兴产业集群区域内企业的创新能力和创新绩效来衡量集群创新能力和集群创新绩效,面向新兴产业集群内的企业测量企业对区域环境的感知、自身的创新活动和能力以及自身的创新绩效。这可能会对集群创新能力和集群创新绩效的测量产生一定程度的偏差。而且本书采用主观评分的方法不可避免地存在测量偏差和缺陷,也会对研究结果产生影响。如果能够具备更好的数据收集条件,能综合使用主客观数据对集群创新绩效进行评估的话,则能进一步提高研究效度。

(3) 横截面数据的局限。由于时间和精力所限,本书未能开展区域环境对集群创新绩效影响的纵向研究。产业集群创新是一个累积的时间过程,而且区域环境对集群创新能力和集群创新绩效的影响存在一个滞后的时间差。因此,原则上应该在不同的时间段测量这些变量。而由于时间和精力的限制,本书对有关变量的测量是在同一时点进行的,这在某种程度上会影响本书所得出的研究结论。事实上,从区域环境和集群创新能力出发,对某一个典型的新兴产业集群进行长期的跟踪研究非常有学术研究价值和实践指导意义。而我们欣喜地看到一些学者已经开展了这方面的研究工作,如由黄速建所负责的《中国产业集群创新能力评价》研究组将依托全国范围研究团队的精诚合作,对全国各区域的产业集群进行跟踪研究,并对中国产业集群的创新发展情况进行有效的检测和客观准确的报告。笔者作为江苏课题组的成员,也将加入这一研究中来,这对本书的后续研究有着积极的促进作用。

7.3.2 未来研究展望

在充分认识本书研究存在的种种局限和不足的同时,笔者认为,沿着"区域环境—集群创新能力—集群创新绩效"的逻辑分析框架,结合我国新兴产业集群发展现状,我们有理由相信加强环境建设能够提升产业集群创新能力,并进而改善产业集群创新绩效。在此研究的基础上,本书认为后续的研究可以沿着以下方向展开：

（1）继续对集群创新能力的内涵和测量及相关内容进行探讨。从现有文献可见，相关研究中对集群创新能力的理解存在一定的差异，这种差异直接反映在集群创新能力的构成维度方面，当然也使得对集群创新能力的测量工具有着一定的偏差。本书是为了测量的方便，从集群主体——企业的角度出发，将集群创新能力分为了企业依靠自身进行创新的能力以及集群内企业之间合作创新能力两个维度，并分别就这两个方面进行了测量。而有些学者则是将集群创新能力考虑为集群主体的技术创新能力、创新主体的制度创新能力以及区域支持创新的能力三个维度，还有些学者是将集群作为一个整体，认为集群创新能力包括集群搜索与获取外部知识、共享与交流内部知识、协同与整合互补性知识单元，以及创造和累积知识的能力等四个维度。因此后续研究可以尝试从集群的角度来对集群创新能力进行构念划分，并进行测量。

（2）以传统产业集群为研究对象。本书仅选择了新兴产业集群作为研究对象，没有对传统产业集群进行对比分析。这虽然和本书的主题有较高的吻合度，但考虑到如果对传统产业集群也进行研究的话，就可以将影响传统产业集群的环境因素、能力因素以及相应的影响路径和强度与本书的研究结论相对比，这样可以更好地凸显本书的主题。在今后的研究中，有必要以传统产业集群为研究对象，可以通过方差分析，研究传统产业集群和新兴产业集群是否表现出了创新绩效和创新能力的差异，还可以通过研究在此类集群中区域环境对集群创新绩效的作用机制，与新兴产业集群下的作用机制进行对比，揭示影响产业集群创新绩效的关键环境因素和能力因素等。

（3）可以综合考虑各类区域环境的交互影响。尽管本书探索得出的各类区域环境——创新要素环境、社会文化环境、区域政策环境和集群氛围环境分类明确，但根据复杂理论的观点，这些环境必然存在一定的相互联系和影响。近年来也开始有学者研究环境之间的交互影响关系，比如社会文化环境对集群氛围环境产生的影响，以及区域政策环境和创新要素环境之间的关联等。因此,在今后的研究中有必要综合考虑各类区域环境的交互影响关系。

（4）可以考虑区域环境和集群创新绩效之间的互动研究。本书在研究逻辑上遵循"区域环境—集群创新能力—集群创新绩效"的分析框架,事实上,区域环境和集群创新绩效之间存在相互作用的关系。也就是说集群创新绩效对区域环境也存在一种作用关系。从产业集群运行的现实来看,产业集群发展的情况影响着创新要素的集聚,影响着集群内的文化氛围,影响着集群相关政策的制定,也影响着集群内企业之间信任与合作的氛围等。对区域环境和集群创新绩效之间的互动关系进行研究,将进一步完善和丰富产业集群理论,并能为产业集群的发展实践提供更具针对性的理论指导。

附录 I

区域环境对产业集群创新绩效影响研究的访谈提纲

尊敬的领导、专家,您好!

  为加快推动我国产业集群的升级与发展,满足产业集群内企业对生产技术和创新能力提升的需求,同时也为相关政府部门提供政策制定依据,本课题开展此项区域环境对产业集群创新绩效影响的访谈调查与研究工作。在此,非常感谢您在繁忙的工作之余,参与帮助完成本课题的访谈活动。本研究只是收集一些与产业集群状况和区域环境的相关信息,只要是各位的真实想法和感受,都对我们的研究非常重要,问题没有对与错之分,填写也无须署名。我们郑重承诺,本次调查所采集的所有信息仅用于科学研究,本书将对您的回答严格保密。最后,再次感谢您百忙之中拨冗支持我们的访谈调查与研究工作!

基本情况

1. 您在公司的主要工作职责是什么?

2. 请您简要地介绍企业创新发展的过程？分为哪些阶段？有什么关键事件？目前的业务处在什么阶段（萌芽、成长、成熟及衰退）？（当然同一企业不同业务的阶段有所差异）

3. 近年来企业在产品开发、技术引进和开拓市场等方面有哪些创新活动？成效如何？

4. 企业在创新活动中的主要瓶颈是什么？是技术因素还是管理、环境因素？如何突破这些瓶颈？

请评价贵公司内部影响创新的因素

5. 贵公司的技术/管理人才是否能满足公司业务发展的需求？本企业的核心技术/管理人才来自哪里（企业内部、集群内部、集群外部）？集群内部企业之间的人才流动如何？这些人才在企业及集群创新的活动中起到什么作用？

6. 贵公司引进或者培养核心的技术与管理人才对企业的创新绩效有什么重要意义？能否举一些例子？

7. 贵公司在投入和开发新产品和技术时，是否曾引入风险资本等外部资金的支持？如果有，请问外部资金支持是否对企业的创新能力产生了积极的影响？具体产生了哪些积极影响？如果没有，请问没有引入外部金融资本的原因是什么？（着重问"有"外部资金支持的情况）

8. 请问贵企业是否处于技术快速变化的产业？技术资源的充足与否，对公司的创新能力起到什么样的作用？

9. 贵公司是否有在集群内部的技术交流与合作？这种合作在多大程度上帮助了企业的创新能力？

10. 除了金融资本、人才、技术等要素，您认为公司的创新活动还应具备哪些内部要素？贵公司又是如何针对这些要素采取措施的？

请评价贵公司外部影响创新的因素

11. 请问您所处的产业区域环境中是否存在鼓励创新创业，并且对失败保持宽容的文化氛围？你认为这种氛围的出现能否对企业的创新产生影响？贵企业所处的产业集群中是否存在这样的氛围？如果有，请问这种氛围在创新过程中起到了什么作用？如果没有，请问是否值得培育这种氛围以鼓励企业创新？

12. 您怎么看待本地政府对于本地产业的影响？本地政府对企业创新活动有哪些重要的支持性政策？（您认为相关优惠政策是否全面？优惠政策力度如何？）您认为这些政策对于引导和促进企业的创新和创业活动有多大的实际作用？

13. 在人才引进和培养方面，政府制定了哪些政策？是否起到了应有的效果？

14. 在集群内部，贵企业是否与相关的上下游企业及同类企业建立了较强的合作和信任关系？这种合作和信任关系的建立，对企业及集群的绩效产生什么影响？又对企业及集群的创新产生什么影响？对创新的影响是正向的还是负向的？是否存在习惯于在集群内部寻找资源而放弃外部更好资源的可能性？如果有，又是如何解决这些问题的？

15. 近年来集群企业间的关系是否有变化？如果有，这种变化导致了什么后果？如果没有，您是否认为目前集群企业间的关系是合适的？需要怎样调整这种关系？

16. 最后请您简单描述一下贵公司的基本情况（公司规模、年收入、主要产品、战略规划及市场竞争等）。

附录 II

区域环境对产业集群创新绩效影响研究的调查问卷

尊敬的领导、专家，您好！

为加快推动我国产业集群的升级与发展，满足产业集群内企业对生产技术和创新能力提升的需求，同时也为相关政府部门提供政策制定依据，本课题开展此项区域环境对产业集群创新绩效影响的调查与研究工作。在此，非常感谢您在繁忙的工作之余，帮助完成本课题的调查问卷。本问卷由熟悉相应产业集群状况的企业负责人填写，每人填写一份，问卷中的问题没有对与错之分，填写也无须署名。我们郑重承诺，本次调查所采集的所有信息仅用于科学研究，本书将对您的回答严格保密。

请您认真阅读问题并根据实际情况填写问卷，如无特殊说明，所有问题都是单项选择，请在所选项上打"√"，您的回答对于本研究非常重要。最后，再次感谢您百忙之中拨冗支持我们的调查与研究工作！

第一部分：填写者个人信息

1. 您对本企业所隶属的产业集群相关情况
□非常不熟悉　□不熟悉　□一般　□熟悉　□非常熟悉

2. 性别　　□男　□女

3. 年龄　　□35 岁及以下　□36~40 岁　□41~45 岁　□46~50 岁
□51 岁及以上

4. 您在该企业工作年限　　□0~5 年　□6~10 年　□11~15 年
□16~20 年　□21 年及以上

5. 最高学历　　□专科以下　□专科　□本科　□硕士　□博士

第二部分：企业和所属产业集群基本信息

企业层次

1. 贵企业所属产业为
□新能源　□新医药　□新材料　□节能环保　□软件与服务外包
□传感网　□机械制造　□通信、电子设备制造　□化工产品制造
□其他

2. 贵企业进入集群发展的时间
□1~3 年　□4~6 年　□7~10 年　□11~15 年　□16 年及以上

3. 贵企业近三年平均每年的销售额
□1000 万元及以下　□1001 万元~3000 万元　□3001 万元~5000 万元
□5001 万元~1 亿元　□1 亿元以上

4. 贵企业近三年平均每年拥有的员工数量

□300 人及以下　□301~800 人　□801~1300 人　□1301~2000 人

□2001 人及以上

产业集群层次

1. 贵企业所属产业集群的形成年限

□1~3 年　□4~6 年　□7~10 年　□11~15 年　□16 年及以上

2. 贵企业所属产业集群年产值占全国该产业年产值的比重

□15% 以下　□15%~30%　□30%~50%　□50%~80%

□80% 以上

3. 贵企业所属产业集群研发人员占全国该产业研发人员总数的比重

□15% 以下　□15%~30%　□30%~50%　□50%~80%

□80% 以上

4. 与竞争产业集群相比，您对贵企业所属产业集群在创新活动方面的总评价

□远远不如　□差一点　□差不多　□好一点　□远远好于

第三部分：区域环境、集群创新能力与创新绩效

依照如下描述，请您根据以下分值给出您的意见或判断（1 = 完全不同意，2 = 基本不同意，3 = 中立，4 = 基本同意，5 = 完全同意）

创新要素环境

1. 本企业所属产业集群的财物资源状况良好

□1 □2 □3 □4 □5

2. 本企业所属产业集群的人才资源状况良好

□1 □2 □3 □4 □5

3. 本企业所属产业集群的技术实力很强

□1 □2 □3 □4 □5

社会文化环境

1. 集群区域创业文化氛围浓厚

□1 □2 □3 □4 □5

2. 集群区域人们对新鲜事物接受度高

□1 □2 □3 □4 □5

3. 集群区域人们都认为创新是获得成功的重要途径

□1 □2 □3 □4 □5

区域政策环境

1. 本企业所属产业集群的市场环境维护状况良好

□1 □2 □3 □4 □5

2. 本企业所属产业集群的政府指导状况良好（主要是指信息供给、公共服务平台、劳动力培训等）

□1 □2 □3 □4 □5

3. 本企业所属产业集群发展的政策支持状况良好

□1 □2 □3 □4 □5

集群氛围环境

1. 集群内企业在交往过程中经常表现出坦率与真诚
□1　□2　□3　□4　□5

2. 集群内企业对其他企业所提供的信息非常信任
□1　□2　□3　□4　□5

3. 集群内企业都衷心希望其他企业获得成功
□1　□2　□3　□4　□5

4. 集群内企业在进行决策时都充分考虑到其他企业的利益
□1　□2　□3　□4　□5

5. 集群内进行合作的企业都非常可靠
□1　□2　□3　□4　□5

企业创新能力

1. 本企业会迅速发现顾客需求
□1　□2　□3　□4　□5

2. 本企业会持续推出丰富而多样化的产品或服务
□1　□2　□3　□4　□5

3. 本企业很重视知识产权及专利的申请与保护
□1　□2　□3　□4　□5

4. 本企业的研发费用投入持续增加
□1　□2　□3　□4　□5

5. 本企业会持续添置新设备，以提升生产或工作效率
□1　□2　□3　□4　□5

6. 本企业常引进或开发更具效率的制造工艺从事生产

☐1 ☐2 ☐3 ☐4 ☐5

合作创新能力

1. 在合作创新活动中，本企业会与其他企业共同克服合作中的困难
☐1 ☐2 ☐3 ☐4 ☐5

2. 在合作创新活动中，本企业会与其他企业共同解决创新中的问题
☐1 ☐2 ☐3 ☐4 ☐5

3. 本企业和高校、科研院所的合作紧密
☐1 ☐2 ☐3 ☐4 ☐5

4. 本企业能充分利用公共研发、测试等平台
☐1 ☐2 ☐3 ☐4 ☐5

5. 本企业与政府部门保持良好的关系
☐1 ☐2 ☐3 ☐4 ☐5

创新绩效（近三年来，本企业相对于竞争对手而言）

1. 本企业的新产品数量多
☐1 ☐2 ☐3 ☐4 ☐5

2. 本企业的专利（软件著作权）申请数量多
☐1 ☐2 ☐3 ☐4 ☐5

3. 本企业的新产品开发速度快
☐1 ☐2 ☐3 ☐4 ☐5

4. 本企业的市场占有率高
☐1 ☐2 ☐3 ☐4 ☐5

5. 本企业的获利能力强
☐1 ☐2 ☐3 ☐4 ☐5

参考文献

[1] 蔡宁，吴结兵. 产业集群与区域经济发展 [M]. 北京：科学出版社，2007：8.

[2] Friedrich P, Feng X. Cluster formation in the framework of the treuhand approach: from socialist to market - oriented clusters. [M] //Steiner M. Clusters and Regional Specialisation. London: Pion Publication, 1998.

[3] 郑燕伟，盛世豪. 产业集群成长与经济发展阶段相关性初探——基于世界经济论坛《全球竞争力报告》的分析 [J]. 商业经济与管理，2005 (9)：32-37.

[4] 倪鹏飞. 中国城市竞争力报告：No. 3：集群：中国经济的龙脉 [M]. 北京：社会科学文献出版社，2005.

[5] 汪秀婷，杜海波. 系统视角下战略性新兴产业创新系统架构与培育路径研究 [J]. 科学管理研究，2012，30 (1)：10-14.

[6] 魏然. 大力促进新兴产业发展. 在全国政协常委战略性新兴产业视察团座谈会上的发言，2010. 5. 18.

[7] 马歇尔. 经济学原理 [M]. 朱志泰译. 北京：商务印书馆，1981：284.

[8] 阿尔弗雷德·韦伯. 工业区位论 [M]. 北京：商务印书馆，2006.

[9] M Fujita, JF Thisse. Economics of agglomeration: cities, industrial location, and regional growth [M]. Cambridge University Press, 2002.

［10］Granovetter. Economic action and social structure: the problem of embeddedness［J］. American Journal of Sociology，1973（6）.

［11］迈克尔·波特. 国家竞争优势［M］. 北京：华夏出版社，2002.

［12］DB Audretsch, MP Feldman. R&D Spillovers and the Geography of Innovation and Production［J］. The American Economic Review，1996.

［13］SS Cohen, G Fields. Social Capital and Capital Gains in Silicon Valley［J］. California Management Review，1999，41（2）.

［14］Hooisoh P, Edward B. Networks of innovators: A longitudinal perspective［J］. Research Policy，2003，32（5）：1569－1588.

［15］蒋瑛. 高技术产业的空间集聚［D］. 成都：四川大学，2003.

［16］Bengtsson, Solvell. Climate of competition, clusters and innovative performance［J］. Scandinavian Journal of Management，2004，20：225－244.

［17］郑如霞. 产业集群、产业链与高新技术产业的竞争策略［J］. 生产力研究，2006（6）：174－175.

［18］Richard Pouder, Caron H. St. John. Hot Spots and Blind Spots: Geographical Clusters of Firms and Innovation［J］. Academy of Management Review，03637425，1996，21（4）：1192－1225.

［19］Tichy, G. Clusters: less dispensable and more risky than ever//M. STEINER（Ed.）Clusters and Regional Specialisation: On Geography, Technology and Networks［C］. European Research in Regional Science. London: Pion Limited，1998，8.

［20］萨克森宁. 地区优势：硅谷和128公路的文化与竞争［M］. 上海：上海远东出版社，1999.

［21］蔡宁，杨闩柱，吴结兵. 企业集群风险的研究：一个基于网络的视角［J］. 中国工业经济，2003（4）：59－64.

［22］李志刚，汤书昆，梁晓艳，赵林捷. 产业集群网络结构与企业创新

绩效关系研究［J］. 科学学研究，2007，25（4）：777-782.

［23］胡恩华，单红梅，刘光平，毛绚澜. 企业集群创新行为影响因素的实证研究［J］. 研究与发展管理，2009，21（2）：88-95.

［24］王贤梅，胡汉辉. 基于社会网络的产业集群创新能力分析［J］. 科学学与科学技术管理，2009（12）：86-91.

［25］迈克尔·波特. 竞争战略［M］. 北京：华夏出版社，2002.

［26］邬义钧，邱钧. 产业经济学［M］. 北京：中国统计出版社，1997：38.

［27］王斌. 技术创新、经济增长与产业结构升级［J］. 北京机械工业学院学报，1999，14（4）：64-67.

［28］Matti Projola. The New Economy：Facts, Impacts and Policies［J］. Information Economics and Policy，2002（14）：133-144.

［29］沈杰. 新兴产业与新产业分类法——兼评《信息化与产业融合》［J］. 上海经济研究，2004（11）：77-80.

［30］袁开智. 新兴产业：发展需兼顾政府战略和市场选择［N］. 中国经济导报，2009-07-09（B03）.

［31］李伟娜. 新兴产业：现状、问题与对策［J］. 中山大学研究生学刊（社会科学版），2009，30（4）：111-119.

［32］铁成. 如何看待新兴产业？［J］. 红旗文稿，2010（17）：38.

［33］高峰，唐家龙. 新兴产业发展规律及启示［J］. 科技进步与对策，2011，28（1）：56-58.

［34］杨公朴，夏大慰. 产业经济学教程（修订版）［M］. 上海：上海财经大学出版社，2002.

［35］吕永刚. 新增长周期与中国新兴产业成长风险研究［J］. 当代经济管理，2011，33（5）：5-8.

［36］柳卸林，高伟，吕萍等. 从光伏产业看中国战略性新兴产业的发

展模式［J］．科学学与科学技术管理，2012，33（1）：116-124．

［37］王新新．战略性新兴产业的理论研究与路径选择［J］．科技进步与对策，2012，29（8）：52-57．

［38］胡佛．区域经济学导论（中译本）［M］．上海：上海远东出版社，1992：239．

［39］郝寿义，安虎森．区域经济学［M］．北京：经济科学出版社，2004：49．

［40］王建廷．区域经济发展动力与动力机制［M］．上海：上海人民出版社，格致出版社，2007：5．

［41］盖文启．创新网络——区域经济发展新思维［M］．北京：北京大学出版社，1999：62-64．

［42］中国科技发展战略研究小组．中国区域创新能力报告［M］．北京：经济管理出版社，2003：1．

［43］清华大学技术创新研究中心．2008年42城市制造业企业跟踪调查结果——技术创新活动调查［C］．吴贵生，高建．创新与创业管理（第5辑），北京：清华大学出版社．2009：90-136．

［44］李卫国．创新集群评价研究［D］．华中科技大学，2009．

［45］罗辑，张其春．区域产业竞争力研究：理论与实践［M］．北京：科学出版社，2008：18-19．

［46］张淑静．产业集群的识别、测度和绩效评价研究［D］．武汉：华中科技大学，2006．

［47］蒋云霞，肖华茂．基于生态经济学的产业集群综合绩效评价体系研究［J］．生态经济，2009（8）：59-61．

［48］李卫国，钟书华．创新集群绩效评价：以欧洲IT集群为例［J］．科技与经济，2010，6（3）：15-18．

［49］Bianca Poti, Roberto Basile. Reginoal differences of innovation：

firms' organization, regional institutions and innovative performance. OECD – NIS Group on Innovative Firms and Networks, 2000, 10.

［50］Baptista R., Swann G. M. P. Do firms in clusters innovate more? [J]. Research Policy, 1998, 27 (5): 525 – 540.

［51］Nunzia Carbonara. Innovation Processes Within Geographical Clusters: A Cognitive Approach [J]. Technovation, 2004, 24 (1): 17 – 28.

［52］柳杰. 产业集群的创新机制研究 [J]. 改革与战略, 2005 (9): 42 – 44.

［53］李志刚. 基于网络结构的产业集群创新机制和创新绩效研究 [D]. 合肥: 中国科学技术大学, 2007.

［54］Capello. Spatial transfer of knowledge in high technology milieux: learning versus collective learning processes [J]. Regional studies, 1999, 33 (4): 353 – 365.

［55］魏江. 产业集群——创新系统与技术学习 [M]. 北京: 科学出版社, 2003.

［56］杨锐. 产业集群创新的 NRC 分析框架——三个案例的比较分析 [J]. 科学学研究, 2010, 28 (4): 605 – 611.

［57］Teece, Pisano, Shuen. Dynamic capabilities and strategic management [J]. Strategic Management Journal, 1997, 18 (7): 509 – 533.

［58］Helfat. Know – how and asset complementary and dynamic capability accumulation: the case of R&D [J]. Strategic Management Journal, 1997, 18 (5): 339 – 360.

［59］Eisenhardt, Martin. Dynamic capabilities: what are they? [J]. Strategic Management Journal, 2000, 21 (10 – 11): 1105 – 1121.

［60］Zahra, George. Absorptive Capacity: A Review, Reconceptualization, and Extension [J]. The Academy of Management Review, 2002, 27 (2): 185 – 203.

[61] Zollo, Winter. Deliberate learning and the evolution of dynamic capacities [J]. Organization Science, 2002, 13 (3): 339–351.

[62] Ethiraj et al. Where do capabilities come from and how do they matter? A study in the software services industry [J]. Strategic Management Journal, 2005, 26 (1): 25–45.

[63] Asheim. Industrial districts as "learning regions": A condition for prosperity [J]. European Planning Studies, 1996, 4 (4): 379–400.

[64] Lawson, Lorenz. Collective learning, tacit knowledge and regional innovative capacity [J]. Regional Studies, 1999, 33 (4): 305–317.

[65] Keeble, Wilkinson. Collective learning and knowledge development in the evolution of regional clusters of high technology SMEs in Europe [J]. Regional Studies, 1999, 33 (4): 295–303.

[66] Heidenreich. The renewal of regional capabilities experimental regionalism in Germany [J]. Research Policy, 2005, 34 (5): 739–757.

[67] Tura, Harmaakorpi. Social capital in building regional innovative capability [J]. Regional Studies, 2005, 39 (8): 1111–1125.

[68] Hervas Oliver, J L. Do clusters capabilities matter? An empirical application of the resource based view in clusters [J]. Entrepreneurship & Regional Development, 2007, 19 (2): 113–136.

[69] 马永红, 宋丹丹. 哈尔滨市区域创新系统创新能力评价研究 [J]. 经贸导刊, 2009 (2): 32–33.

[70] 周泯非, 魏江. 产业集群创新能力的概念、要素与构建研究 [J]. 外国经济与管理, 2009, 31 (9): 9–17.

[71] 马靖忠, 关军. 钢铁产业集群创新能力评价体系探析 [J]. 企业经济, 2010 (4): 114–116.

[72] 黄速建. 中国产业集群创新发展报告 (2010~2011)——构筑集

群创新能力 [M]. 北京：经济管理出版社，2010.

[73] 陈秉钊，范俊勇. 知识创新空间论 [M]. 北京：中国建筑工业出版社，2007：61.

[74] 顾志群等. 中小企业集群核心竞争力评价指标体系研究 [J]. 经济问题探索，2004 (11)：46 – 48.

[75] 张淑静. 产业集群内涵、构成要素及识别研究 [J]. 生产力研究，2005 (7)：134 – 136.

[76] 张危宁，朱秀梅等. 高技术产业集群创新绩效评价指标体系设计 [J]. 工业技术经济，2006，25 (11)：57 – 59，88.

[77] 左和平，杨建仁. 论产业集群绩效评价指标体系构建 [J]. 江西财经大学学报，2010 (4)：33 – 37.

[78] Nasierowski, Arcelus. On the efficiency of national innovation systems [J]. Socio – Economic Planning Sciences，2003，37 (3)：215 – 234.

[79] 邵明理. 我国区域技术创新绩效评价研究 [J]. 科技信息，2006 (9)：111 – 112.

[80] 任胜刚，彭建华. 基于 DEA 模型的中部地区创新绩效评价与比较研究 [J]. 求索，2006 (10)：15 – 18.

[81] 程占永，李琳等. 我国区域创新绩效差异的动态分析 [J]. 科技进步与对策，2010，27 (13)：33 – 38.

[82] 官建成，刘顺忠. 区域创新机构对创新绩效影响的研究 [J]. 科学学研究，2003，21 (2)：210 – 214.

[83] 李习保. 区域创新环境对创新活动效率影响的实证研究 [J]. 数量经济技术经济研究，2007，24 (8)：13 – 24.

[84] 张昕，李廉水. 制造业聚集、知识溢出与区域创新绩效——以我国医药、电子及通讯设备制造业为例的实证研究 [J]. 数量经济技术经济研究，2007，24 (8)：35 – 43，89.

[85] 官建成,王军霞. 产学研合作对区域创新绩效影响的测度研究[J]. 中外科技信息,2001(11):30-34.

[86] 王缉慈,王可. 区域创新环境和企业根植性——兼论我国高新技术企业开发区的发展[J]. 经济地理,1999,18(4):357-362.

[87] Damanpour, Gopalakrishnan. Theories of organizational structure and innovation adoption: the role of environment change [J]. Journal of Engineering and Technology Management, 1998, 15 (1): 1-24.

[88] 李远. 创新环境及其政策的出发点:兼论增强区域的全球化竞争力[J]. 经济地理,1999,19(3):7-12.

[89] 胡恩华. 企业集群创新行为的理论与实证研究[M]. 北京:科学出版社,2007:206-208.

[90] 郑波. 区域创新环境管理理论框架研究[J]. 科学与管理,2009(6):17-21.

[91] 黄攸立,熊宇. 基于社会网络分析法的区域创新环境关键要素识别[J]. 北京邮电大学学报(社会科学版),2010,12(2):84-89.

[92] 谢瑾岚,马美英. 区域中小企业技术创新能力测度模型及实证分析[J]. 科技进步与对策,2010,27(12):105-111.

[93] 李婷,董慧芹. 科技创新环境评价指标体系的探讨[J]. 中国科技论坛,2005(4):30-31,36.

[94] 赵强,杨锡怀等. 产业集群创新环境的灰色层次综合评价[J]. 东北大学学报(自然科学版),2006,27(1):103-106.

[95] 鲁虹,李颖. 企业技术创新环境测度指标体系的研究[J]. 现代情报,2006,26(3):180-181.

[96] 李琳,陈文韬. 我国区域创新环境差异的实证分析[J]. 中国科技论坛,2009(7):94-99.

[97] 刘伟,盖文启. 从区域创新环境视角看北京市高新技术产业的竞

争力 [J]. 北京社会科学, 2003 (2): 3-12.

[98] 林迎星. 民营企业自主创新当前区域软环境评价: 框架与实例 [J]. 科学学与科学技术管理, 2006 (9): 65-70.

[99] 张洪石, 付玉秀. 影响突破性创新的环境因素分析和实证研究 [J]. 科学学研究, 2005, 23: 255-263.

[100] 赵强, 邓学民, 韩秀杰. 产业集群创新优势分析及其启示 [J]. 商业研究, 2005 (8): 70-72.

[101] Malmberg, Power. (How) Do (Firms in) Clusters Create Knowledge? [J]. Industry & Innovation, 2005, 12 (4): 409-431.

[102] Nooteboom. Innovation, learning and cluster dynamics [EB/OL]. ERIM Report Series No. ERS-2004-006-ORG, 2004.

[103] Weijian Shan, Gordon Walker, Bruce Kogut. Interfirm cooperation and startup innovation in the biotechnology Industry [J]. Strategic Management Journal, 1994, 15 (5): 387-394.

[104] Richard Florida. Toward the learning region [J]. Futures, 1995, 27 (5): 527-536.

[105] Ranjay Gulati, Martin Gargiulo. Where do interorganization networks come from? [J]. The American Journal of Sociology, 1999, 104 (5): 1439-1493.

[106] Joe Tidd, John Bessant, Keith Pavitt. Managing innovation: integrating technological, market and organizational change [M]. UK Chichester: John Wiley, 1997.

[107] Walz. Transport costs, intermediate goods and localized growth [J]. Regional Science and Urban Economics, 1996, 26 (6): 671-695.

[108] 马建会. 产业集群成长机理研究 [D]. 广州: 暨南大学, 2004.

[109] 吴结兵, 郭斌. 企业适应性行为、网络化与产业集群的共同演化 [J]. 管理世界, 2010 (2): 141-155.

[110] Sidney G. Winter. Understanding dynamic capabilities [J]. Strategic Management Journal, 2003, 24 (10): 991-995.

[111] Zaheer, A., & Bell, G. G. Benefiting from network position: firm capabilities, structural holes, and performance. Strategic Management Journal, 2005, 26 (9): 809-825.

[112] Gassenheimer, J. B., Hunter, G. L., & Siguaw, J. A. An evolving theory of hybrid distribution: taming a hostile supply network. Industrial Marketing Management, 2007, 36 (5): 604-616.

[113] Hsieh, M. H., & Tsai, K. H. Technological capability, social capital and the launch strategy for innovative products. Industrial Marketing Management, 2007, 36 (4): 493-502.

[114] Tsai-Ju Liao. Cluster and performance in foreign firms: The role of resources, knowledge, and trust [J]. Industrial Marketing Management, 2010, 39: 161-169.

[115] 潘崴伟,金雪军.产业创新平台:集群创新的新模式——以绍兴纺织产业为例 [J]. 开发研究, 2009 (5): 58-62.

[116] 易明,杨树旺. 基于治理导向的产业集群发展:问题与对策 [J]. 管理世界, 2010 (8): 175-176.

[117] 傅首清. 区域创新网络与科技产业生态环境互动机制研究——以中关村海淀科技园区为例 [J]. 管理世界, 2010 (6): 8-13.

[118] 刘友金. 论集群式创新的组织模式 [J]. 中国软科学, 2002 (2): 71-75.

[119] McEvily, Marcus. Embedded Ties and The Acquistiton of Competitive Capabilities [J]. Strategic Management Journal, 2005, 26 (1): 1033-1055.

[120] 于旭,朱秀梅. 技术溢出对集群企业创新绩效的影响机理研究 [J]. 科学学研究, 2010 (9): 1435-1440.

[121] Braczyk H., Cooke, Heidenreich. Regional innovation system: the role of government in a globalized world [C]. Regional Studies. London: London UCI Press, 1998.

[122] 盖文启,张辉,吕文栋. 国际典型高技术产业集群的比较分析与经验启示 [J], 中国软科学, 2004 (2): 102-108.

[123] 喻卫斌,崔海潮. 产业集群形成与演化机理研究 [J]. 西北大学学报（哲学社会科学版）, 2005 (5): 113-116.

[124] 孙丽文,李国卿. 区域创新能力与区域经济发展 [J]. 经济研究参考, 2005 (52): 31-34.

[125] 赵付民,邹珊刚. 区域创新环境及对区域创新绩效的影响分析 [J]. 统计与决策, 2005, 21 (7): 17-18.

[126] 吉亚辉,张营周. 培育区域创新环境提高自主创新能力——以北京中关村为例 [J]. 开发研究, 2006 (6): 15-18.

[127] 宋周莺,刘卫东,刘毅. 产业集群研究进展探讨 [J]. 经济地理, 2007, 27 (2): 285-290.

[128] Ernst, Kim. Global production networks, knowledge diffusion, and local capability formation [J]. Research Policy, 2002, 31 (8-9): 1417-1429.

[129] Bramwell A., Nelles J., Wolfe D. Knowledge innovation and regional culture in Waterloo'S ICT cluster [R]. Paper Presented at the Innovation Systems Research, 2004.

[130] Maskell, Malmberg. Localised learning and industrial competitiveness [J]. Cambridge journal of economics, 1999 (23): 67-185.

[131] Feldman. The New Economics Of Innovation, Spillovers And Agglomeration: Areview of Empirical Studies [J]. Economics of innovation and new technology, 1999 (8): 5-25.

[132] Porter M, Stern S. Measuring the "Ideas" Production Function:

Evidence from International Patent Output [R]. New York: NBER 7891, 2000.

[133] 陆立军, 于斌斌. 产业集聚、创新网络与集群企业技术能力——基于绍兴市 14262 份问卷的调查与分析 [J]. 中国科技论坛, 2010 (3): 67-72.

[134] 牟绍波, 任家华. 高新技术产业集群自主创新动力机制研究——基于集群创新文化视角 [J]. 科技管理研究, 2009 (12): 325-326.

[135] 章立军. 区域创新环境与创新能力的系统性研究——基于省际数据的经验证据 [J]. 财贸研究, 2006 (5): 1-9.

[136] 党文娟, 张宗益. 区域环境对促进我国区域创新能力的影响分析 [J]. 中国软科学, 2008 (3): 70-75.

[137] 岳鹄, 康继军. 区域创新能力及其制约因素解析——基于 1997-2007 省际面板数据检验 [J]. 管理学报, 2009 (9): 1182-1187.

[138] 余晓泓. 创意产业集群创新发展的组织环境研究 [J]. 经济与管理, 2010, 24 (4): 36-39.

[139] 陈劲, 邱嘉铭, 沈海华. 技术学习对企业创新绩效的影响因素分析 [J]. 科学学研究, 2007 (6).

[140] 陈钰芬, 陈劲. 开放度对企业技术创新绩效的影响 [J]. 科学学研究, 2008, 26 (2): 419-426.

[141] 彭灿, 杨玲. 技术能力、创新战略与创新绩效的关系研究 [J]. 科研管理, 2009 (2): 26-32, 69.

[142] 张荣祥, 伍满桂. 网络动态能力、创新网络质量及其创新绩效关系研究 [J]. 兰州大学学报（社会科学版）, 2009, 37 (2): 107-114.

[143] 徐彪, 李心丹, 张珣. 区域环境对企业创新绩效的影响机制研究 [J]. 科研管理, 2011, 32 (1): 147-156

[144] Martin Bell, Michael Albu. Knowledge Systems and Technological Dynamism in Industrial Clusters in Developing Countries [J]. World Development, 1999, 27 (9): 1715-1734.

[145] 任寿根. 新兴产业集群与制度分割——以上海外高桥保税区新兴产业集群为例 [J]. 管理世界, 2004 (2): 56-62.

[146] 刘恒江, 陈继祥, 周莉娜. 产业集群动力机制研究的最新动态 [J]. 外国经济与管理, 2004 (7): 3-7.

[147] 贾根良, 杨威. 战略性新兴产业与美国经济的崛起 [J]. 经济理论与经济管理, 2012 (1): 97-110.

[148] 林学军. 战略性新兴产业的发展与形成模式研究 [J]. 中国软科学, 2012 (2): 26-34.

[149] 刘娜, 毛荐其, 陈雷. 战略性新兴产业培育研究 [J]. 科技管理研究, 2012 (5): 14-17.

[150] 罗伯特·K. 殷. 案例研究设计与方法 [M]. 罗海涛译. 重庆: 重庆大学出版社, 2004.

[151] A Strauss, J Corbin. Grounded Theory Procedures and Techniques [M]. SAGE publication, 1990.

[152] Lundvall B A. National System of Innovation towards a Theory Innovation and Interactive Learning [M]. New York: St. Martin Press, 1992.

[153] Lagendijk. A Flexible Algorithm for Construction of 3D Vessle Networks foruse in thermal modeling [J]. IEEE Transactions on Biomedical Engineering, 1997 (5): 596-614.

[154] 赵维双. 技术创新扩散的环境与机制 [M]. 北京: 中国社会科学出版社, 2007.

[155] Marceau J. Networks of Innovation, Networks of Production and Networks of Marketing: Collaboration and Competition in the Biomedical and Toolmaking Industries [J]. Australia Creativity and Innovation Management, 1999, 8 (1): 20-43.

[156] Baptista R. Geographical Clusters and Innovation Diffusion [J].

Technological Forecasting and Social Change, 2001, 66 (1): 31-46.

[157] Love J., Roper S. Location and Network Effects on Innovation Success: Evidence for UK, German and Irish Manufacturing Plants [J]. Research Policy, 2001, 30 (1): 641-647.

[158] 王海山. 技术创新动力机制的理论模式 [J]. 科学技术与辩证法, 1992, 9 (6).

[159] J Corbin, A Strass. Grounded Theory Research: Procedures, Canons, and Evaluative Criteria [J]. Qualitative Sociology, 1990, 13 (1).

[160] 李青, 李文军, 郭金龙. 区域创新视角下的产业发展: 理论与案例研究 [M]. 北京: 商务印书馆, 2004.

[161] Baumol. Productivity growth, convergence and welfare: what the long-run data show [J]. The American Economic Review, 1986, 76 (5): 1072-1085.

[162] Barro. Economic Growth in a Cross Section of Countries [J]. The Quarterly Journal of Economics, 1991, 106 (2): 407-443.

[163] Amartya Sen. On Ethics and Economics [M]. Oxford: Blackwell, 1987.

[164] Doreen Massey. Spatial Divisions of Labor: Social Structures and the Geography of Production [M]. New York: Routledge, 1984.

[165] 王缉慈. 关于发展创新型产业集群的政策建议 [J]. 经济地理, 2004, 24 (4): 433-436.

[166] Ash Asim. An institutionalist perspective on regional economic development. Paper presented at the Economic Geography Research Group Seminar, 1998.

[167] Altenburg, Meyer-Stamer. How to promote clusters: policy experiences from Latin America [J]. World Development, 1999 (27): 1693-1713.

[168] Molina-Morales, Martmez-Fernandez. How Much Difference is there between Industrial District Firms: A Net Value Creation Approach [J]. Re-

search Policy, 2004 (33): 473-486.

[169] 朱华晟,盖文启. 产业的柔性集聚及其区域竞争力实证分析 [J]. 经济理论与经济管理, 2001 (11): 70-74.

[170] 魏守华,王缉慈,赵雅沁. 产业集群: 新型区域经济发展理论 [J]. 经济经纬, 2002 (2): 18-19.

[171] 符正平. 论企业集群产生条件与形成机制 [J]. 中国工业经济, 2002 (10).

[172] 毛凯军,田敏,许庆瑞. 基于复杂系统理论的企业集群进化动力研究 [J]. 科研管理, 2004, 25 (4): 110-115.

[173] 邱海雄,徐建牛. 产业集群技术创新中的地方政府行为 [J]. 管理世界, 2004 (10): 36-46.

[174] Mayer, Davis, Schoorman. An integrative mode of organizational trust [J]. Academy of Management Review, 1995, 20 (3): 709-734.

[175] 张惠琴,邵云飞,李梨花. 集群企业竞合行为与技术创新绩效关系研究 [J]. 中国科技论坛, 2011 (9): 110-115.

[176] 杨皎平,李庆满,金彦龙. 竞争环境、企业合作与集群创新绩效 [J]. 科技进步与对策, 2011, 12 (24): 59-64.

[177] 陈仲常,余翔. 企业研发投入的外部环境影响因素研究——基于产业层面的面板数据分析 [J]. 科研管理, 2007, 28 (2): 78-84.

[178] 杨晓优. 区域制度环境与区域竞争对策研究 [M]. 长沙: 中南大学出版社, 2005.

[179] Malecki E. J. Technology & Economic Development: The Dynamic of Local, Regional Competitiveness [M]. Addison Wesley Longman Limited, 1997: 165.

[180] Busenitz, Gomez, Spencer. Country Institutional Profiles: Unlocking Entrepreneurial Phenomena [J]. Academy of Management Journal, 2000, 43

(5): 994 – 1003.

[181] Manolova, Eunni, Gyoshev. Institutional Environment for Entrepreneurship: Evidence from Emerging Economies in Eastern Europe [J]. Entrepreneurship Theory and Practice, 2008, 32 (1): 203 – 218.

[182] Brandenburger, Nalebuff. The right game: use game theory to shape strategy [J]. Harvord Business Review, 1995 (7): 57 – 71.

[183] 刘磊磊. 基于竞合互动视角的企业动态能力形成及作用机制研究 [D]. 杭州: 浙江大学, 2008.

[184] Fleming, Sorenson. Technology as a complex adaptive system: evidence from patent data [J]. Research Policy, 2001, 30 (7): 1019 – 1039.

[185] Heide, Miner. The Shadow of the Future: Effects of Anticipated Interaction and Frequency of Contact on Buyer – Seller Cooperation [J]. The Academy of Management Journal, 1992, 35 (2): 265 – 291.

[186] Hagedoorn, Cloodt. Measuring innovative performance: is there any advantage in using multiple indicators? [J]. Research policy, 2003, 32 (8): 1365 – 1379.

[187] Guan et al. Innovation strategy and performance during economic transition: Evidences in Beijing, China, Rearch Policy, 2009 (38): 802 – 812.

[188] 蔡莉, 柳青. 科技型创业企业集群共享性资源与创新绩效关系的实证研究 [J]. 管理工程学报, 2008, 22 (2): 19 – 23.

[189] 侯杰泰, 温忠麟, 成子娟. 结构方程模型及应用 [M]. 北京: 教育科学出版社, 2004.

[190] 邱浩政, 林碧芳. 结构方程模型的原理与应用 [M]. 北京: 轻工业出版社, 2009.

[191] 盛昭瀚, 蒋德鹏. 演化经济学 [M]. 上海: 上海三联书店, 2002: 375 – 400.

后 记

孩童时,感觉博士是一个遥远且高不可攀的称号,可未曾料到,因为工作、学习等各种因素作用下,自己竟不知不觉地走上了读博这条不归路。几年博士求学生涯,太多感慨难以言表……很难忘记文献收集阶段的艰辛,本书写作阶段时的徘徊,以及本书完成时的喜悦。当然更难忘记的是那些曾经关心我、帮助我的老师、同事和同学。在此要对他们表示深深的感谢。

首先我要衷心感谢导师陈圻教授多年来的精心培养和悉心指导。本书从选题、开题、研究设计到写作和修改等各个环节都倾注了陈老师的大量心血。陈老师不仅指导我开展严谨扎实的学术研究,而且他在为人处世方面平易近人的态度也深深地影响着我,这也是我求学期间最大的收获,是我现在和今后的教学和科研生涯受用不尽的财富。

衷心感谢南京航空航天大学李宗植教授、苗建军教授、彭灿教授和胡恩华教授等在本书开题及写作过程中提供的众多宝贵建议与指导。感谢南京航空航天大学经济与管理学院的各位领导和老师,是你们的关心和支持使我在思想上逐渐成长。感谢博士好友王强、黄斐、任娟、陈国栋、张毅、徐晓虎、李为相和林源源等,和他们进行学术讨论拓展了我的思路。尤其要感谢我的同门好友、南京人口学院的石盛林副教授在研究思路和方法上给予我的无私指导和帮助。

衷心感谢南京工业大学的各位领导和同事们。特别感谢经济管理学院院长赵顺龙教授对本书的思路、写作以及调研方面提供的帮助;感谢许敏教授、吴琨副教授等在我怀疑自己研究能力时给予我的鼓励和支持；感谢好友许景老师、姚山季老师在我遇到困惑时，热情地为我答疑解惑；感谢刘和东副教授、吴松强副教授、张新婷老师、孟淑亚老师、秦政强老师等各位工商管理系的同事，在我攻读博士学位期间给予的鼓励；感谢和我同在南航攻读博士学位的金晔老师，学习路上结伴同行！

衷心感谢在本书调研访谈和问卷收集过程中给予鼎力支持的朋友和企业界人士！谢谢你们！

最后，我还要感谢父母的辛苦养育和无私关爱。感谢我的爱人张洪斌对我的体贴和关心。当然还要感谢我可爱的儿子张图玖，虽然他经常在我写作时不停地制造噪音和上蹿下跳，但却使我忘记了写作的枯燥和烦恼，给我带来无比的快乐！

在我前行的道路上，正是你们的深厚关爱和帮助，使我的内心愈加坚定！再次衷心感谢你们！致礼！